小学版
上册·1-3年级

身临其境
背古诗

刘大炜　吴林林　林志桐　主编

新华出版社

图书在版编目（CIP）数据

身临其境背古诗：小学版 / 刘大炜，吴林林，林志桐主编.
-- 北京：新华出版社，2023.10
ISBN 978-7-5166-7217-4

Ⅰ.①身… Ⅱ.①刘… ②吴… ③林… Ⅲ.①古典诗歌–中国–小学–教学参考资料 Ⅳ.①G624.203

中国国家版本馆CIP数据核字（2023）第228740号

身临其境背古诗：小学版

主　　编：刘大炜　吴林林　林志桐

出 版 人：匡乐成		出版统筹：许　新	
责任编辑：田丽丽　张　丹　易旭丹		封面设计：今亮新声	

出版发行：新华出版社
地　　址：北京石景山区京原路8号　　　　邮　　编：100040
网　　址：http://www.xinhuapub.com
经　　销：新华书店、新华出版社天猫旗舰店、京东旗舰店及各大网店
购书热线：010-63077122　　　　中国新闻书店购书热线：010-63072012

照　　排：六合方圆
印　　刷：三河市君旺印务有限公司
成品尺寸：200mm×220mm　1/16
印　　张：24　　　　字　　数：395千字
版　　次：2024年3月第一版　　　　印　　次：2024年3月第一次印刷
书　　号：ISBN 978-7-5166-7217-4
定　　价：96.00元（全两册）

版权专有，侵权必究。如有质量问题，请与出版社联系调换：010-63077124

《身临其境背古诗（小学版）》编委会

1—3年级

覃丽菲　杨叶　刘倩汝　姚宇杰　缪如冰

徐丹　何平　杨忠怡　付可欣

4—6年级

张钱天　刘新义　张富荣　孙芬　范进　张柏艳

严会芬　齐向上　陈杉杉　李萌　陈树芳　李惠凌　申竑程

（排名不分先后）

序

人类本能中的好奇心是发现力的前提，人类高级需求中的自我实现推动着探索和创新，社交需求的本质是自我呈现。本书的开发是基于"3X"教育理论，即发现、实现、呈现。强调通过探究、实践和展示来学习和成长。莎士比亚曾经说过：教育的目的是将知识和信息呈现给学生，让他们更好地理解和应用。人类社会先后出现了壁画、语言、文字、收音机、电视机、手机等知识和信息呈现方式。每一次呈现方式的变革都推动了社会的极大进步。

发现他人呈现，推动自我实现，并通过自我呈现发现问题和不足，再进一步实现知识的掌握，循环上升，不断完善学习内容。"发现、实现、呈现"不仅仅是知识学习和更新的流程，也是个体学习能力不断提升迭代的方式。站在人类世界的角度，"发现、实现、呈现"是人类智慧的结晶、传承、发展的集合，也正是前人的实现、积累，一代代人的教育、传承，推动现代社会更多的发现和进一步的实现。

本书的古诗均来自最新版的人教版语文课本，按照年级、学期、页码排序，方便读者查阅。适用于对图像记忆方法和古诗词记忆有兴趣的人士，特别是小学六年级以内的学生。

本书的学习单元是按照"发现、实现、呈现"的结构布局。每首古诗的第一页是带拼音的原文和注释，发现需要记忆和理解的内容；第二页是通过图像实现对古诗的记忆；第三页则要求读者呈现自己所记忆的文字内容，我们鼓励想象力和美术基础比较好的同学把自己大脑中的情景绘制出来。

本书的研发邀请了多位记忆大师、语文教师、小学生、美工共同参与，融合不同视角，其目的就是让老师容易教、学生容易学，注重学生的主动性、探究性和实践性,提升学生对古诗词知识的记忆,同时提高记忆能力、理解能力、自学能力,并发展想象力、批判性思维、创造性思维,提高学生的学习兴趣和学习成效。

在使用本书的过程中,有几点建议希望大家采纳:第一,一定要通过图像来记忆和回忆;第二,尽量只记一遍然后立马回忆,如果有遗漏的再找原因,理解记忆的技巧,提升记忆能力;第三,想象自己是作者站在场景中,换位思考,最好将自己看过的情景与诗词的情景对比;第四,用 1/3 及以上的时间回忆,多次回忆,回忆是最好的记忆方式。

一、什么是记忆?

记忆,是大脑对客观事物的信息进行编码、储存和提取的认知过程,也指存储信息的结构及其内容,包括识记、保持、回忆和再认。

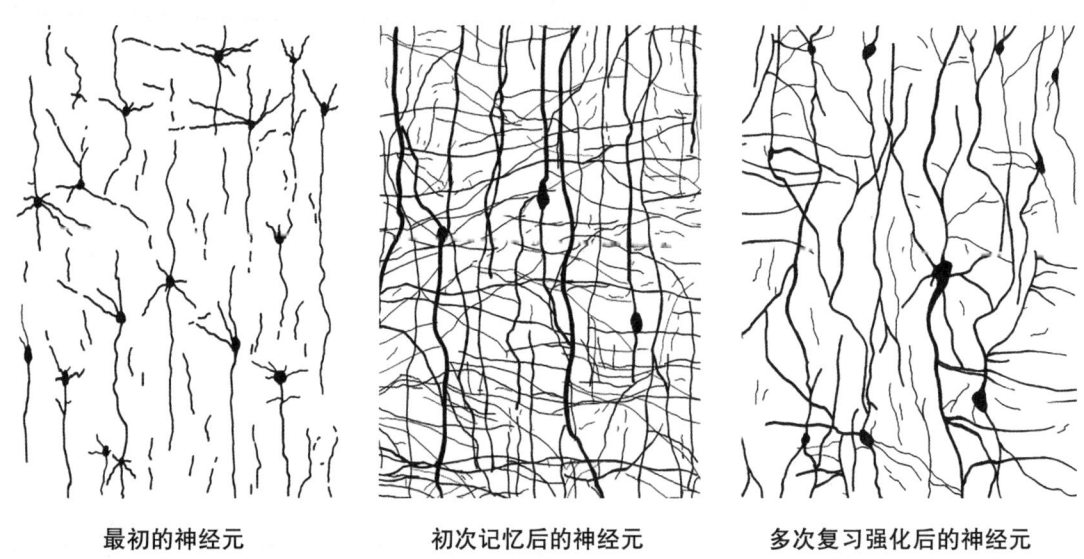

最初的神经元　　　初次记忆后的神经元　　　多次复习强化后的神经元

大脑中的记忆形态是上千亿个神经元细胞组成的复杂神经网络,通过联想把外界信息编码成大脑易于接收的方式。在此过程中,刺激神经元细胞的生长和连接,组成一定的网络结构,便形成了记忆,对知识结构的记忆便形成了思维。

二、应该怎么样记?

实验心理学家赤瑞特拉(Treicher)做过两个著名的心理实验。第一个是关于人类获取信息的来源。他通过大量的实验证实:人类获取的信息83%来自视觉,11%来自听觉。第二个实验是关于知识保持的实验。人们一般能记住自己阅读内容的10%,自己听到内容的20%,自己看到内容的30%,自己听到和看到内容的50%,在交流过程中自己所说内容的70%。因此,记忆过程中我们要尽可能调动视觉功能,记忆之后尽可能讲述一遍。

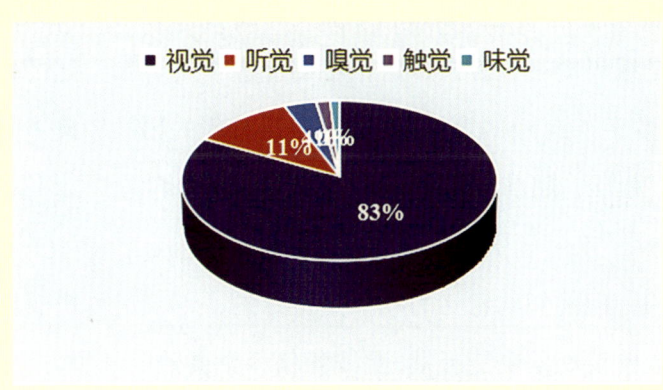

实验一:人类获取信息的来源

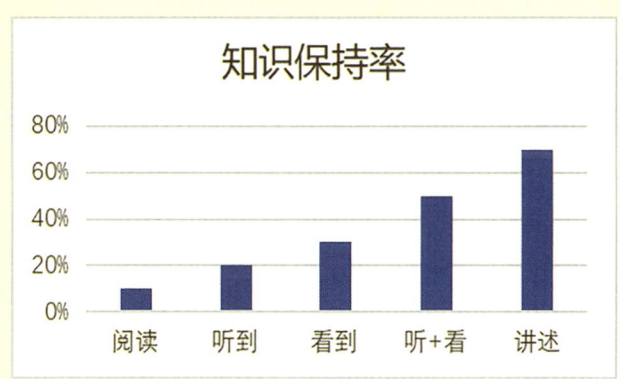

实验二:知识保持率

三、改掉记忆的6个"坏"毛病

（一）大声读

大家在记忆的时候普遍采用一种费力不讨好的方式，那就是"大声读"。世界记忆力锦标赛全场无人出声；大部分成年人逐渐摒弃了通过大声朗读来记忆的"笨办法"；班上大声朗读的同学往往不是记得最快最好的。

（二）不回忆

记忆包括识记、保持、回忆和再认，仅仅记而不回忆是不完整的。世界记忆大师至少有1/3的记忆时间用来回忆，有的选手回忆时间甚至占到一半。一部分是因为记得快所以有时间回忆，更重要的是在他们看来，回忆的过程本身就是记忆的重要部分。

（三）理解后才能记忆

很多在上幼儿园的小朋友，在不识字、不理解的情况下，一两遍就能背诵一首古诗，有的甚至能背诵唐诗三百首，但上了学之后反而很难记住。理解是编码的一种方式，对记忆的促进作用有限。记忆高手能够在1个小时正确记忆1200多位无规律的随机数字，24小时背完5000字生涩难懂的国学经典《道德经》。因此，高效的记忆并不一定需要理解先行，相反，超前的完整记忆能促进整体理解。

（四）记得越久，记得越牢

正如班上成绩最好的同学不一定是学习最努力的，但他们的记忆力往往是很好的，不仅记得快而且记得牢，相反勤学苦背的同学记忆效果不一定好。所以既要相信勤能补拙，更要相信科学高效的学习方法。我们既要记得快，也要记得牢，还要理解得更好。

（五）记忆力和学习能力是天生的

如果记忆力和学习能力是天生的，会有一部分天才出生后不久就能考大学。但实际情况是，绝大部分学生的学习能力是入学后将自己在生活习惯上的模式套用到学习中，有的匹配非常顺畅，有的不知所措，加上没有老师和家长教授科学的学习方法，也不会与其他同学的学习方法对比，以致上学多年后学习能力没有明显长进。很多人认为记忆就是诵读，学习就是听讲、做笔记、写作业，成绩差就是自己天生的记忆力和学习能力比别人差。其实，同作为人类，**每个人本能的记忆力和学习能力区别不大且潜能巨大，对付课本知识绰绰有余**。

（六）被玩"坏"的艾宾浩斯遗忘曲线

艾宾浩斯的实验材料是无意义音节，而在学习中我们所需记忆的内容绝大部分是有意义或者有场景的内容，很少有单独无意义的信息。艾宾浩斯遗忘曲线只是揭示了人类的遗忘遵循"先快后慢"的原则，并不是所有记忆的内容在一天以后都只剩下不到一半。比如精彩的电影看完后即使不复习也能保持很长时间。如果采用死记硬背的方式，那将会在记忆和复习中耗费大量的精力。

因为每个人的学习基础、生理特点、生活经历不同，记忆习惯、记忆方式、记忆特点也会不同。我们要根据记忆材料的特点找到合适的记忆方法，不同的记忆材料和不同的记忆方法会有不同的记忆曲线，必须找到属于自己的个性化的记忆曲线，才能真正精准提高学习效率。

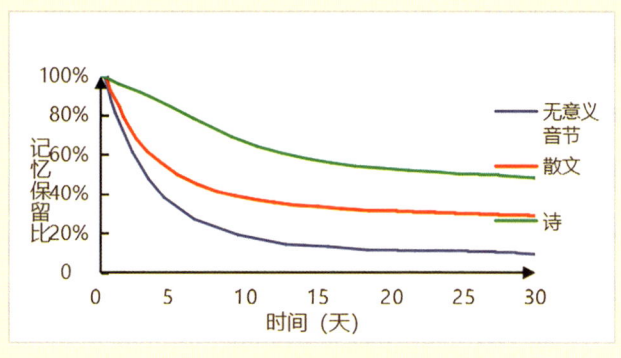

艾宾浩斯遗忘曲线

四、用什么样的图记忆?

语文课本中的插画,既要符合小学生的审美,也要能表现诗意内容,重点是用景传意。本书所运用的记忆图,是记忆大师、中小学教师、小学生站在各自视角,共同开发的。在注重小学生审美的同时,重点将古诗中的意象(名词)转化成单个图片,且整首诗是一个完整的情景,便于记和忆,同时能够引导读者与作者换位思考,身临其境。

意境图和记忆图

五、记忆步骤

第一步：发现

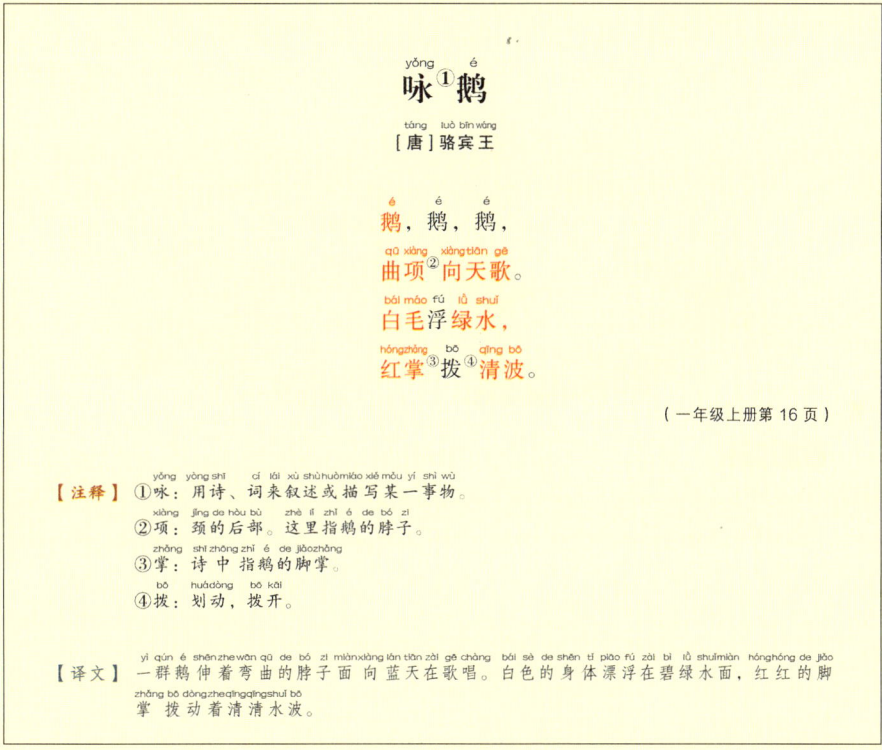

① 阅读全文。

② 查看注释。

③ 看译文。

④ 以红色字体为主，结合译文想象诗中场景。

第二步：实现

①一边读诗句，一边在图中找诗句对应的图像。

②读完后用自己的话讲一讲图中发生的故事。

第三步：呈现

【看图写诗】

《＿＿》

1. ＿＿＿＿＿＿＿＿
2. ＿＿＿＿＿＿＿＿
3. ＿＿＿＿＿＿＿＿
4. ＿＿＿＿＿＿＿＿

【思维拓展】

qīng tóng xué men fā huī zì jǐ de xiǎng xiàng chuàng zào shǔ yú nǐ de　yǒng é　qíng jǐng tú
请同学们发挥自己的想象，创造属于你的《咏鹅》情境图。

扫描二维码，听音频讲解。

①背诵或者默写诗词。

②闭上眼，试着从最后一句往第一句背诵。

③创造属于自己的情境图。

六、预期效果

通过 2022 年的一项行动研究对比发现：采用图像的方式记忆，效率是传统方式的 2.3 倍；一周后再通过回忆检测，采用图像的方式记忆，牢固度是传统方式的 3.4 倍；采用图像的方式，对古诗词的迁移能力（理解力）是传统方式的 2.9 倍。与赤瑞特拉（Treicher）知识保持的实验结论基本一致，人们一般能记住自己阅读内容的 10%，自己看到内容的 30%。

本书中，我们加入了【看图写诗】，根据图像还原诗句，既可以背诵也可以默写。在最后的【思维拓展】部分，希望同学们能结合背诵的诗句，想象自己进入诗人当时所在的场景，绘制并呈现自己脑海中的情境图，并将该图与老师和同学们交流分享。

目录 Contents

一年级

咏鹅 / 002

江南 / 005

画 / 008

悯农（其二）/ 011

古朗月行（节选）/ 014

风 / 017

春晓 / 020

赠汪伦 / 023

静夜思 / 026

寻隐者不遇 / 029

古对今 / 032

池上 / 035

小池 / 038

画鸡 / 041

二年级

梅花 / 046

小儿垂钓 / 049

登鹳雀楼 / 052

望庐山瀑布 / 055

江雪 / 058

夜宿山寺 / 061

敕勒歌 / 064

村居 / 067

咏柳 / 070

目 录 Contents

赋得古原草送别（节选）/ 073
晓出净慈寺送林子方 / 076
绝句 / 079
悯农（其一）/ 082
舟夜书所见 / 085

三年级

所见 / 090
山行 / 093
赠刘景文 / 096
夜书所见 / 099
望天门山 / 102

饮湖上初晴后雨 / 105
望洞庭 / 108
早发白帝城 / 111
采莲曲 / 114
绝句 / 117
惠崇春江晚景 / 120
三衢道中 / 123
忆江南 / 126
元日 / 129
清明 / 132
九月九日忆山东兄弟 / 135
滁州西涧 / 138
大林寺桃花 / 141

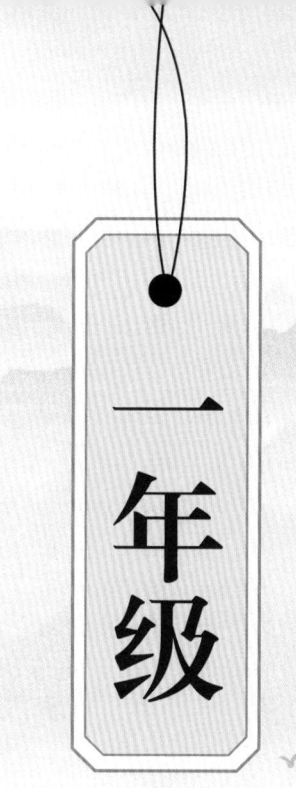

咏①鹅

[唐] 骆宾王

鹅，鹅，鹅，
曲项②向天歌。
白毛浮绿水，
红掌③拨④清波。

（一年级上册第16页）

【注释】
① 咏：用诗、词来叙述或描写某一事物。
② 项：颈的后部。这里指鹅的脖子。
③ 掌：诗中指鹅的脚掌。
④ 拨：划动，拨开。

【译文】一群鹅伸着弯曲的脖子面向蓝天在歌唱。白色的身体漂浮在碧绿水面，红红的脚掌拨动着清清水波。

【图中故事】

　　"鹅，鹅，鹅"鹅啊鹅；"曲项向天歌"大鹅正弯着脖子向蓝天歌唱；"白毛浮绿水"大鹅洁白的羽毛浮在碧绿水面上；"红掌拨清波"水中大鹅红色的脚掌拨动着清水。

【看图写诗】

《＿＿》

1.＿＿＿＿＿＿＿

2.＿＿＿＿＿＿＿

3.＿＿＿＿＿＿＿

4.＿＿＿＿＿＿＿

【思维拓展】

qīng tóng xué men fā huī zì jǐ de xiǎng xiàng chuàng zào shǔ yú nǐ de yǒng é qíng jìng tú
请同学们发挥自己的想象，创造属于你的《咏鹅》情境图。

扫描二维码，听音频讲解。

江南

汉乐府

江南可采莲，
莲叶何①田田②。
鱼戏莲叶间。
鱼戏莲叶东，
鱼戏莲叶西，
鱼戏莲叶南，
鱼戏莲叶北。

（一年级上册第58页）

【注释】 ① 何：多么。
② 田田：长得茂盛。

【译文】 江南又到了适宜采莲的季节了，茂盛的莲叶浮出水面，挨挨挤挤，重重叠叠，迎风招展。鱼儿在莲叶间嬉戏。鱼儿一会儿在莲叶东边嬉戏，一会儿在莲叶西边嬉戏，一会儿在莲叶南边嬉戏，一会儿又在莲叶北边嬉戏。

《江南》

1. 江南可采莲
2. 莲叶何田田
3. 鱼戏莲叶间
4. 鱼戏莲叶东，鱼戏莲叶西，鱼戏莲叶南，鱼戏莲叶北

【图中故事】

"江南可采莲"江南水乡又到了可以采莲的时候，小朋友撑着船去采莲；"莲叶何田田"池塘里的莲叶长得很茂盛；"鱼戏莲叶间"看到鱼儿在莲叶间嬉戏；"鱼戏莲叶东"一会儿在莲叶东边；"鱼戏莲叶西"一会儿在莲叶西边；"鱼戏莲叶南"一会儿在莲叶南边；"鱼戏莲叶北"一会儿又到了莲叶北边。

【看图写诗】

《＿＿》

1. ＿＿＿＿
2. ＿＿＿＿
3. ＿＿＿＿
4. ＿＿＿＿

【思维拓展】

qīng tóng xué men fā huī zì jǐ de xiǎng xiàng chuàng zào shǔ yú nǐ de jiāng nán qíng jìng tú
请同学们发挥自己的想象，创造属于你的《江南》情境图。

扫描二维码，听音频讲解。

一年级 · 007 ·

画
huà

远看 山 有色①,
近听 水 无声。
春去 花 还在,
人 来 鸟 不惊②。

（一年级上册第67页）

【注释】①色：颜色，也有景色之意。
②惊：吃惊，害怕。

【译文】远远地看去山有青翠的颜色，走近一听水却没有声音。春天过去花仍然在开放，人走近了鸟却依然没有被惊动。

【图中故事】

"远看山有色"远远地看,山有青翠的颜色;"近听水无声"走近听水没有声音;"春去花还在"春天已经过去了,花还在这里开放;"人来鸟不惊"人走近了,鸟儿也不害怕,依然站在枝头。

【看图写诗】

《＿》

1. ＿＿＿＿＿
2. ＿＿＿＿＿
3. ＿＿＿＿＿
4. ＿＿＿＿＿

【思维拓展】

qīng tóng xué men fā huī zì jǐ de xiǎng xiàng chuàng zào shǔ yú nǐ de huà qíng jìng tú
请同学们发挥自己的想象，创造属于你的《画》情境图。

扫描二维码，听音频讲解。

悯农①(其二)

[唐]李绅

锄禾②日当午，
汗滴禾下土。
谁知盘中餐③，
粒粒皆④辛苦。

(一年级上册第77页)

【注释】①悯：怜悯。这里有同情的意思。
②禾：谷类植物的统称。
③餐：一作"飧"，熟食的通称。
④皆：都，都是。

【译文】在正午烈日的暴晒下，农民正在给禾苗松土除去杂草，汗珠滴入禾苗下的泥土里。有谁想到，我们碗中的米饭，一粒一粒都是农民辛苦劳动得来的呀。

【图中故事】

"锄禾日当午"一位农民伯伯在正午烈日的暴晒下锄田间的杂草;"汗滴禾下土"他的汗珠滴入禾苗下的土里;"谁知盘中餐"有谁知道我们吃的米饭是怎样来的呢?"粒粒皆辛苦"每一粒都是农民辛辛苦苦劳动得到的。

【看图写诗】

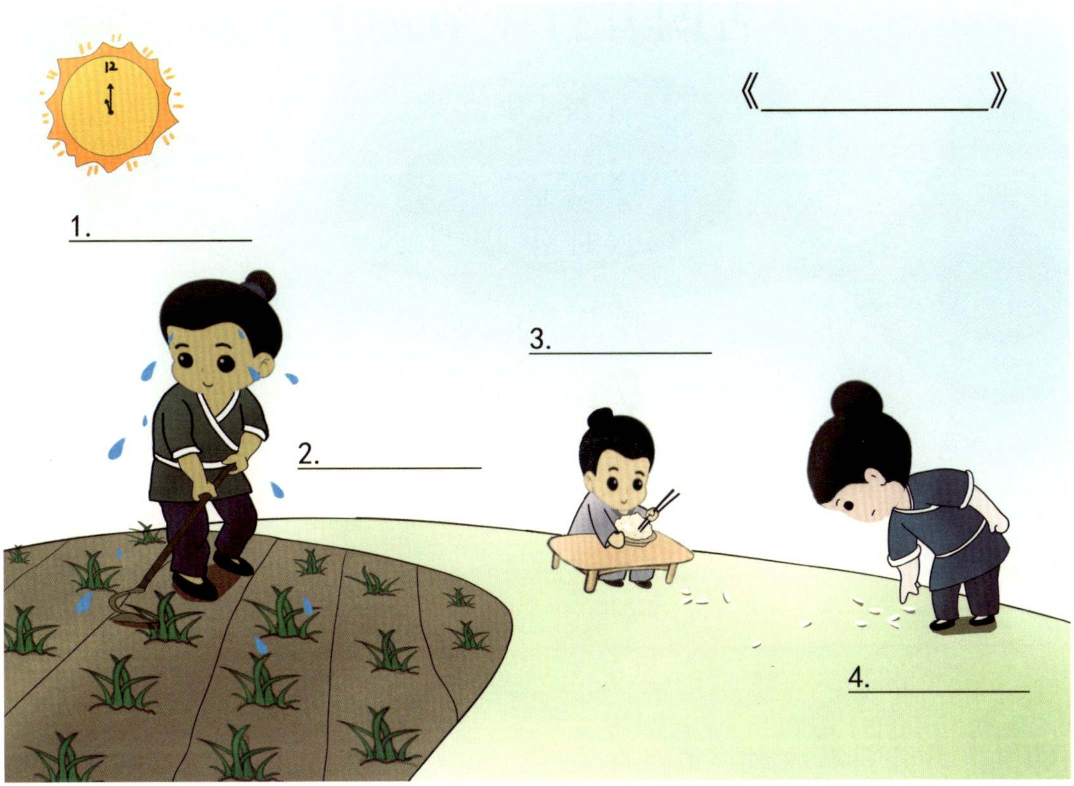

《_____》

1. _____
2. _____
3. _____
4. _____

【思维拓展】

请同学们发挥自己的想象，创造属于你的《悯农（其二）》情境图。

扫描二维码，听音频讲解。

一年级 ·013·

古朗月行（节选）

[唐] 李白

小时不识月，
呼作①白玉盘②。
又疑③瑶台④镜，
飞在青云端。

【注释】
① 呼作：称为。
② 白玉盘：指晶莹剔透的白盘子。
③ 疑：怀疑。
④ 瑶台：传说中神仙居住的地方。

【译文】 小的时候不认识月亮，把明月叫作晶莹剔透的白盘子。又怀疑是瑶台仙镜，飞在夜空中的云彩之上。

《古朗月行（节选）》

【图中故事】

"小时不识月"小时候不认识月亮；"呼作白玉盘"只是觉得很像晶莹剔透的白盘子，所以每次看见明月都叫它白玉盘；"又疑瑶台镜"不对，白玉盘不会飞，又怀疑是瑶台仙人的镜子；"飞在青云端"飞在云彩之上。

【看图写诗】

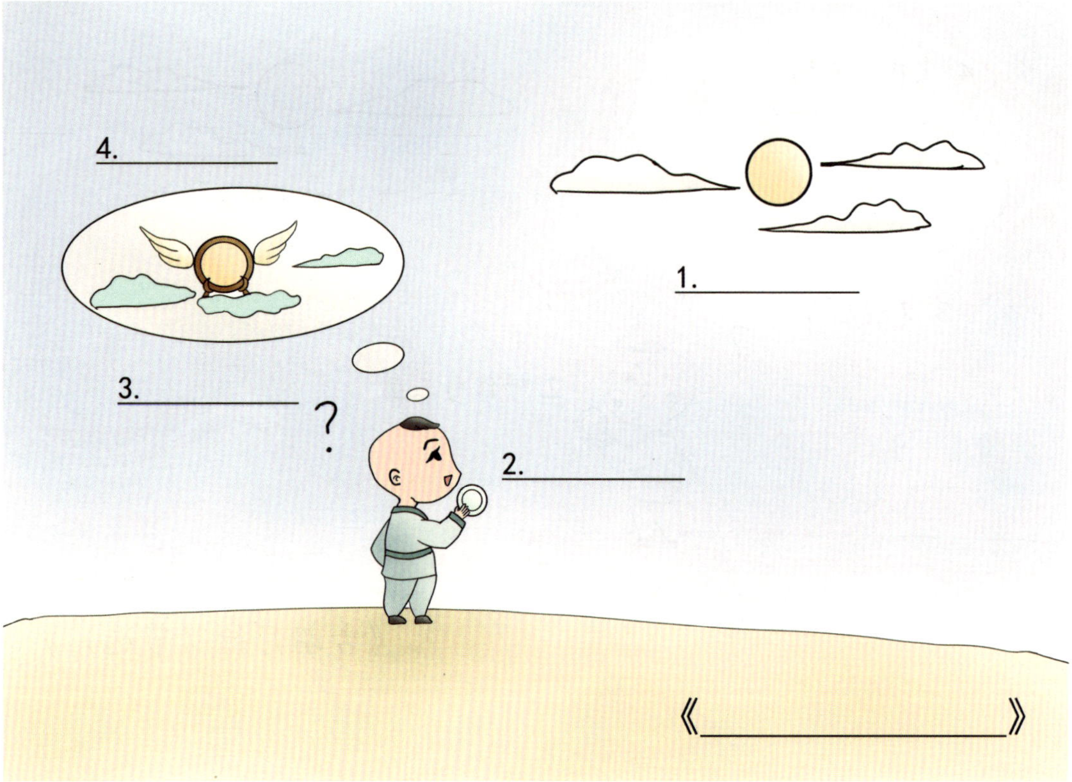

1. ＿＿＿＿＿＿＿＿＿
2. ＿＿＿＿＿＿＿＿＿
3. ＿＿＿＿＿＿＿＿＿
4. ＿＿＿＿＿＿＿＿＿

《＿＿＿＿＿＿＿》

【思维拓展】

请同学们发挥自己的想象，创造属于你的《古朗月行（节选）》情境图。

扫描二维码，听音频讲解。

风

[唐] 李峤

解落①三秋②叶，
能开二月③花。
过④江千尺浪，
入竹万竿斜⑤。

（一年级上册第113页）

【注释】① 解落：吹落，散落。解：解开，这里指吹。
② 三秋：秋季。一说指农历九月。
③ 二月：农历二月，指春季。
④ 过：经过。
⑤ 斜：倾斜。

【译文】风能吹落秋天金黄的叶子，能吹开春天美丽的花儿。风刮过江面能卷起千尺巨浪，吹进竹林里能使万竿竹子倾斜。

《风》

1. 解落三秋叶
2. 能开二月花
3. 过江千尺浪
4. 入竹万竿斜

【图中故事】

"解落三秋叶"风吹落了秋天金黄的树叶;"能开二月花"也能吹开早春二月的花;"过江千尺浪"吹过江面,能卷起千尺浪;"入竹万竿斜"吹进竹林,万竿竹子也要倾斜。

【看图写诗】

《___》

1. _____
2. _____
3. _____
4. _____

【思维拓展】

请同学们发挥自己的想象,创造属于你的《风》情境图。

扫描二维码,听音频讲解。

春晓

[唐] 孟浩然

春眠不觉晓①,
处处闻啼鸟②。
夜来风雨声,
花落知多少③。

【注释】
① 晓:天刚亮的时候。
② 啼鸟:鸟的啼叫声。
③ 知多少:不知有多少。

【译文】 春天的夜晚里睡得香甜,不知不觉天就亮了,醒来时到处可以听见小鸟的鸣叫声。回想昨夜的阵阵风雨声,那娇美的春花不知道被吹落了多少。

【图中故事】

"春眠不觉晓"春天睡觉香甜,不知不觉天就亮了;"处处闻啼鸟"到处都能听到小鸟在叫;"夜来风雨声"夜里又刮风又下雨;"花落知多少"吹落了不知道多少花。

【看图写诗】

《＿＿》

1. ＿＿＿＿＿＿
2. ＿＿＿＿＿＿
3. ＿＿＿＿＿＿
4. ＿＿＿＿＿＿

【思维拓展】

qǐng tóng xué men fā huī zì jǐ de xiǎngxiàng chuàng zào shǔ yú nǐ de chūn xiǎo qíng jìng tú
请同学们发挥自己的想象，创造属于你的《春晓》情境图。

扫描二维码，听音频讲解。

赠汪伦

[唐] 李白

李白乘舟将欲行，
忽闻岸上踏歌①声。
桃花潭②水深千尺③，
不及④汪伦送我情。

（一年级下册第36页）

【注释】① 踏歌：原为汉、唐时的风俗性歌舞，参与者手挽手以脚踏地而歌。
② 桃花潭：在今安徽省泾县西南一百里。《一统志》谓其深不可测。
③ 深千尺：李白用潭水深千尺比喻汪伦与他的友情，运用了夸张的手法（潭深千尺不是实有其事）。
④ 不及：不如。

【译文】李白乘船将要远行离去，忽然听到岸上传来踏歌之声。即使桃花潭水深至千尺，也比不上汪伦送别我时的一片深情。

【图中故事】

"李白乘舟将欲行"李白乘着船将要离开;"忽闻岸上踏歌声"突然听见岸上传来一阵歌声;"桃花潭水深千尺"就算桃花潭的水深千尺;"不及汪伦送我情"也比不过汪伦送别我的情谊深厚。

【看图写诗】

《_____》

1. _____
2. _____
3. _____
4. _____

【思维拓展】

qǐng tóng xué men fā huī zì jǐ de xiǎng xiàng chuàng zào shǔ yú nǐ de zèng wāng lún qíng jìng tú
请同学们发挥自己的想象，创造属于你的《赠汪伦》情境图。

扫描二维码，听音频讲解。

静夜思①

[唐] 李白

床②前明月光，
疑③是地上霜。
举头④望明月，
低头思故乡。

（一年级下册第39页）

【注释】① 静夜思：静静的夜里，产生的思绪。
② 床：井床，井周围栏杆。
③ 疑：好像。
④ 举头：抬头。

【译文】月光透过窗户照在井周围的栏杆上，地上好像泛起了一层白霜。我抬起头来看那空中的明月，不由得低下头深深地思念起远方的家乡。

《静夜思》

1. 床前明月光
2. 疑是地上霜
3. 举头望明月
4. 低头思故乡

蜀地　李白

【图中故事】

"床前明月光"月光照在水井周围的栏杆上;"疑是地上霜"地上像铺上了一层霜;"举头望明月"李白抬头望向明月;"低头思故乡"低头时,思念起故乡。

【看图写诗】

《＿＿＿》

蜀地　李白

1.＿＿＿＿＿＿＿＿

2.＿＿＿＿＿＿＿＿

3.＿＿＿＿＿＿＿＿

4.＿＿＿＿＿＿＿＿

【思维拓展】

qīng tóng xué men fā huī zì jǐ de xiǎng xiàng　chuàng zào shǔ yú nǐ de　jìng yè sī　qíng jìng tú
请同学们发挥自己的想象，创造属于你的《静夜思》情境图。

扫描二维码，听音频讲解。

寻①隐者②不遇③

[唐] 贾岛

松下问童子④,
言⑤师采药去。
只在此山中,
云深⑥不知处⑦。

(一年级下册第48页)

【注释】
① 寻：寻访。
② 隐者：隐士，隐居在山林中的人。
③ 不遇：没有遇到，没有见到。
④ 童子：没有成年的人，小孩儿。在这里是指"隐者"的弟子、学生。
⑤ 言：回答，说。
⑥ 云深：指山上的云雾。
⑦ 处：行踪、所在。

【译文】在苍松下询问了隐士的弟子他的师父在哪里，他说师父已经去山中采药了。只知道他人就在这座大山里，可是云雾很深，不知他具体在何处。

【图中故事】

"松下问童子"贾岛在松树下问隐士的徒弟:"你师父在哪?";"言师采药去"徒弟指着山说师父采药去了;"只在此山中"只知道在前面的山中;"云深不知处"云雾缭绕,不知道具体位置。

【看图写诗】

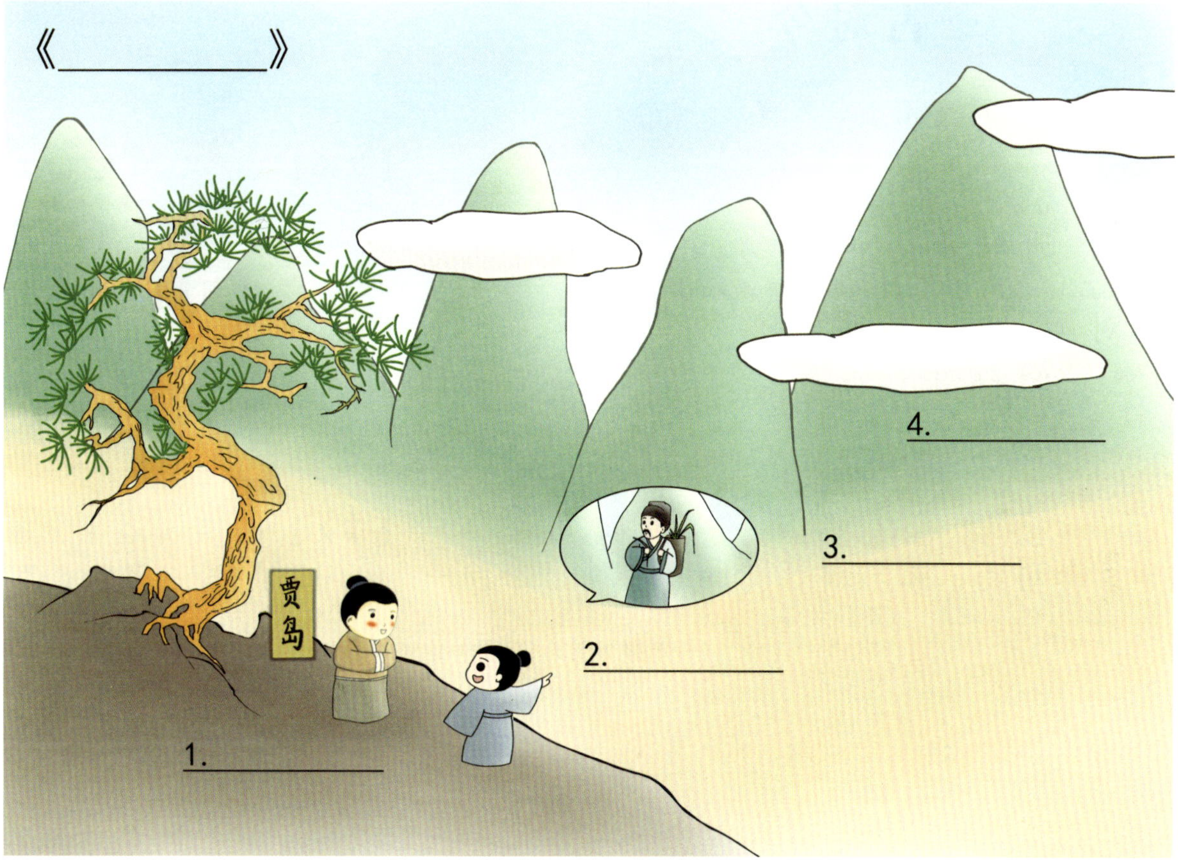

《_____》

1. _____
2. _____
3. _____
4. _____

【思维拓展】

请同学们发挥自己的想象,创造属于你的《寻隐者不遇》情境图。

扫描二维码,听音频讲解。

古对今

[清] 车万育

古对今，圆对方。
严寒①对酷暑②，春暖对秋凉。
晨对暮，雪对霜。
和风对细雨，朝霞③对夕阳④。
桃对李，柳对杨，莺歌对燕舞，鸟语对花香。

(一年级下册第52页)

【注释】
① 严寒：（气候）寒冷。
② 酷暑：指极热的夏天。
③ 朝霞：日出时出现的云霞。
④ 夕阳：傍晚的太阳。

【译文】古往对今来，圆形对方形，严寒的冬天对极热的夏天，春天的温暖对秋天的凉爽，早晨对晚上，雪对霜，和暖的风对细密的雨，日出时出现的云霞对傍晚时落山的太阳。桃树对李树，柳树对白杨，莺歌对燕舞，鸟语对花香。

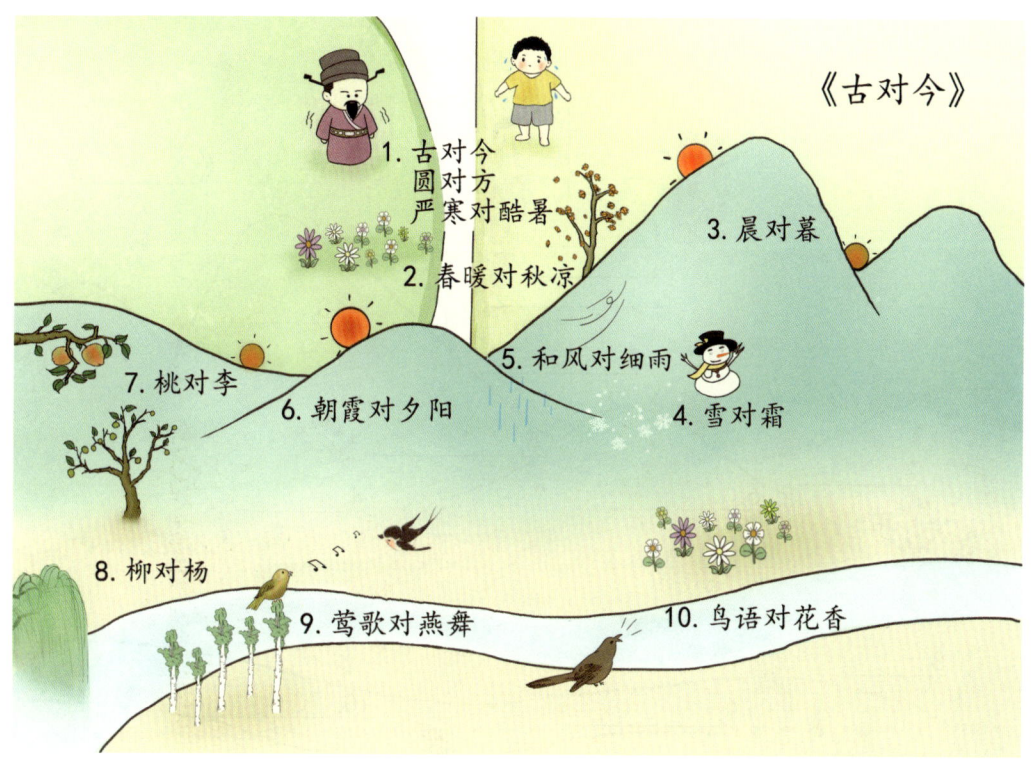

【图中故事】

"古对今,圆对方"古人和今人相对,圆形和方形相对;"严寒对酷暑"寒冷和酷暑相对,图中发抖的人表示严寒,流汗的人表示酷暑;"春暖对秋凉"春天的温暖对秋天的凉爽,图中的小花表示春暖,用飘零的枫叶表示秋凉;"晨对暮,雪对霜"早晨和晚上相对,雪和霜相对;"和风对细雨"和暖的风对细密的雨,"朝霞对夕阳"早上的朝阳对傍晚的夕阳;"桃对李,柳对杨"桃树和李树相对,柳树和杨树相对;"莺歌对燕舞"黄莺歌唱和燕子飞舞相对;"鸟语对花香"鸟儿啼叫和花儿飘香相对。

【看图写诗】

【思维拓展】

请同学们发挥自己的想象,创造属于你的《古对今》情境图。

扫描二维码,听音频讲解。

池上

[唐] 白居易

小娃①撑小艇②,
偷采白莲回。
不解藏踪迹③,
浮萍④一道开。

（一年级下册第63页）

【注释】① 小娃：男孩儿或女孩儿。
② 艇：船。
③ 踪迹：指被小艇划开的浮萍。
④ 浮萍：水生植物，椭圆形叶子浮在水面，叶下面有须根，夏季开白花。

【译文】一个小娃撑着小船，偷偷地从池塘里采了白莲回来。他不懂得掩藏自己的行踪，水面上的浮萍被小船荡开，留下了一条长长的痕迹。

【图中故事】

"小娃撑小艇"一个小娃撑着小船;"偷采白莲回"偷偷采了白莲返回;"不解藏踪迹"不懂得藏匿踪迹;"浮萍一道开"小船划过,池塘里的浮萍被分开,形成一条长长的痕迹。

【看图写诗】

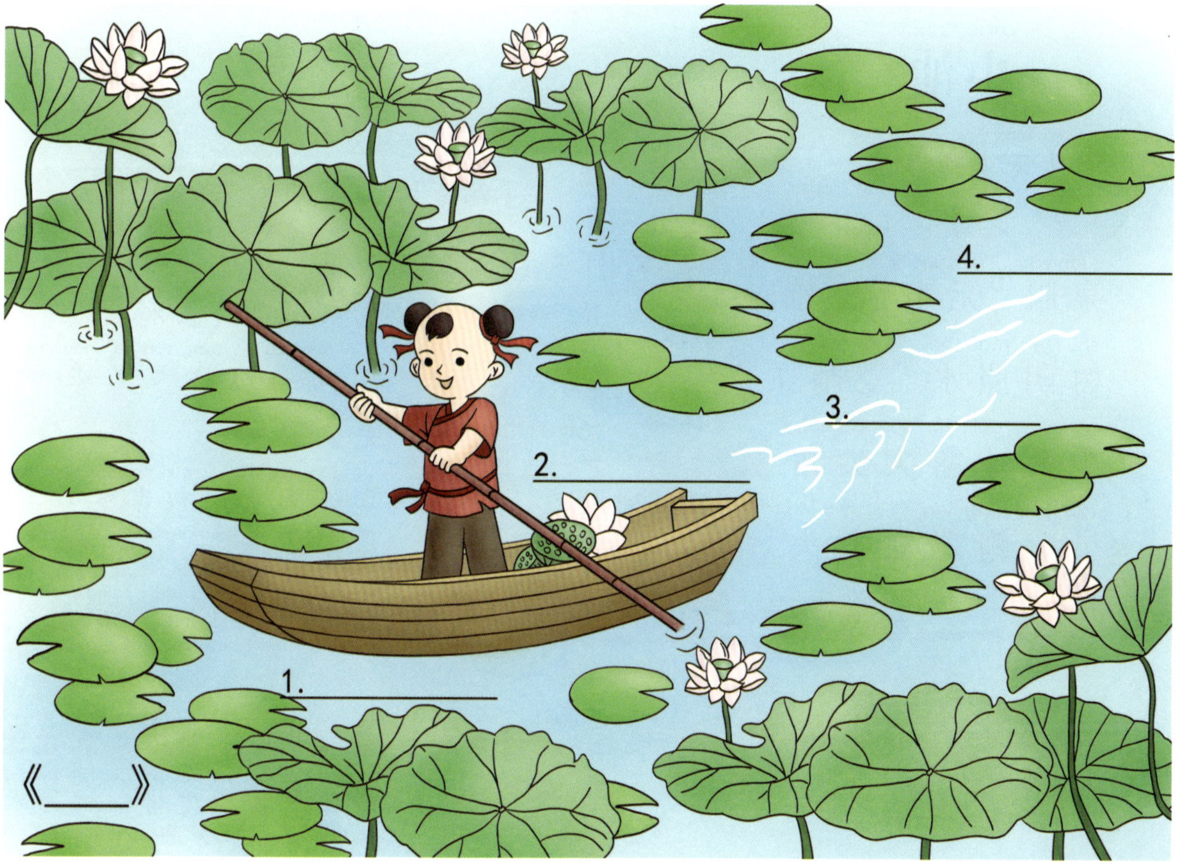

《___》
1. ___
2. ___
3. ___
4. ___

【思维拓展】

请同学们发挥自己的想象,创造属于你的《池上》情境图。

扫描二维码,听音频讲解。

小池

[宋] 杨万里

泉眼①无声惜②细流，
树阴照水③爱晴柔④。
小荷才露尖尖角⑤，
早有蜻蜓立上头⑥。

（一年级下册第64页）

【注释】
①泉眼：泉水的出口。
②惜：珍惜，爱惜。
③照水：映在水里。
④晴柔：晴天里柔和的风光。
⑤尖尖角：初出水端还没有舒展的荷叶尖端。
⑥上头：上面，顶端。

【译文】泉眼里的水悄然无声地流着，好像是因为爱惜细细的水流，池边的树木映照在水里，好像是喜欢这晴天里柔和的风光。小荷叶刚从水面露出尖尖的角，早就有一只小蜻蜓立在它的上面。

【图中故事】

"泉眼无声惜细流"细小的水流从泉眼悄无声息地流进池塘;"树阴照水爱晴柔"树荫映入水中,似乎很喜爱温暖的阳光;"小荷才露尖尖角"荷叶才刚露出尖尖一角;"早有蜻蜓立上头"早就有小蜻蜓停在了上方。

【看图写诗】

《___》

1. _____
2. _____
3. _____
4. _____

【思维拓展】

qīng tóng xué men fā huī zì jǐ de xiǎng xiàng chuàng zào shǔ yú nǐ de xiǎo chí qíng jìng tú
请同学们发挥自己的想象，创造属于你的《小池》情境图。

扫描二维码，听音频讲解。

画鸡

[明] 唐寅

头上红冠不用裁①,
满身雪白走将②来。
平生不敢轻③言语,
一④叫千门万户开。

(一年级下册第110页)

【注释】① 裁:裁剪。
② 将:助词,用在动词和"来""去"等表示趋向的补语之间。
③ 轻:随便,轻易。
④ 一:一旦。

【译文】它头上的红色冠子不用特别裁剪,它身披雪白的羽毛,雄赳赳地走过来。平时它不敢轻易鸣叫,一旦它叫的时候,千家万户的门窗就打开。

【图中故事】

"头上红冠不用裁"图中有一只公鸡,它的鸡冠非常好看不需要裁剪;"满身雪白走将来"它披着浑身白色的羽毛走了过来;"平生不敢轻言语"它平时不会轻易开口,图中用静音符号表示"不敢轻言语";"一叫千门万户开"这只公鸡一旦叫了,所有人家的门窗就都打开了。

【看图写诗】

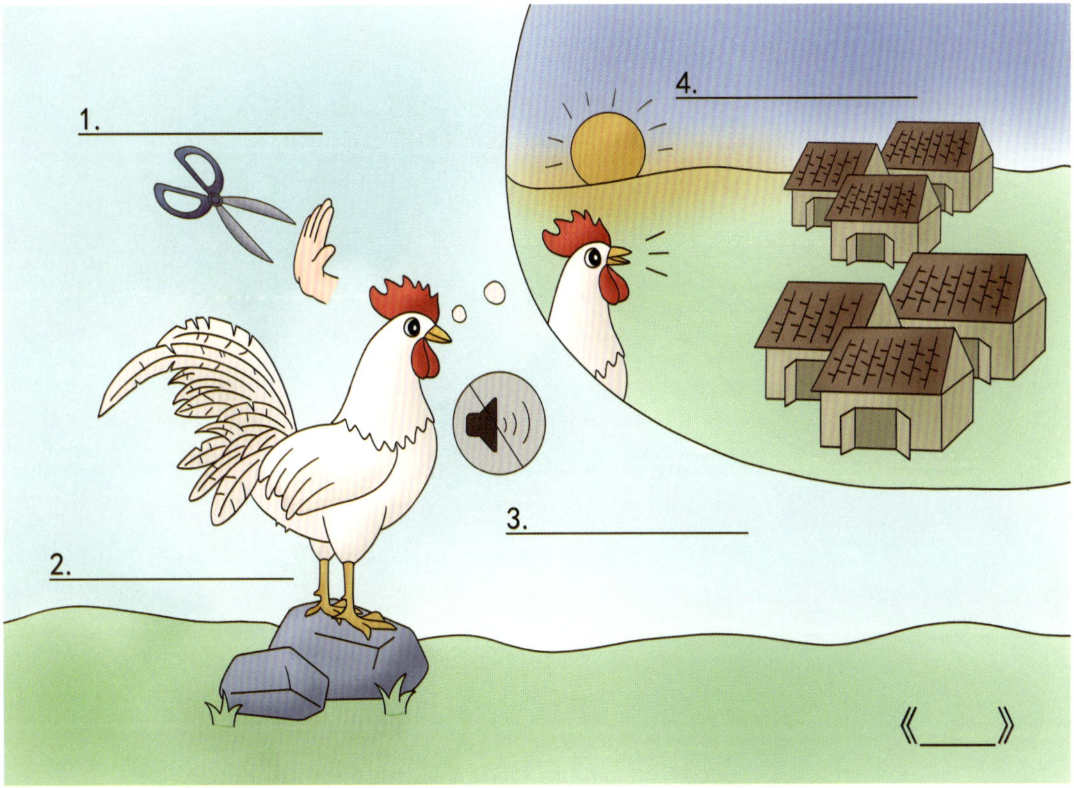

1. _____
2. _____
3. _____
4. _____

《____》

【思维拓展】

请同学们发挥自己的想象,创造属于你的《画鸡》情境图。

扫描二维码,听音频讲解。

二年级

梅花

[宋] 王安石

墙角数枝梅,
凌寒①独自开。
遥②知③不是雪,
为④有暗香⑤来。

(二年级上册第13页)

【注释】
① 凌寒:冒着严寒。
② 遥:远远地。
③ 知:知道。
④ 为:因为。
⑤ 暗香:指梅花的幽香。

【译文】 墙角有几枝美丽的梅花,正冒着严寒独自盛开。从远处看去就知道那洁白的一片不是雪,因为有阵阵梅花的幽香飘来。

【图中故事】

"墙角数枝梅"王安石在围墙外看见墙角的几枝梅花;"凌寒独自开"在寒冷的天气独自盛开;"遥知不是雪"远远看去就知道不是雪;"为有暗香来"因为有梅花的幽香飘到身旁。

【看图写诗】

《___》

1. ___
2. ___
3. ___
4. ___

王安石

【思维拓展】

qǐng tóng xué men fā huī zì jǐ de xiǎng xiàng chuàng zào shǔ yú nǐ de méi huā qíng jìng tú
请同学们发挥自己的想象，创造属于你的《梅花》情境图。

扫描二维码，听音频讲解。

小儿垂钓

[唐] 胡令能

蓬头①稚子学垂纶②,
侧坐莓③苔④草映⑤身。
路人借问⑥遥招手,
怕得鱼惊⑦不应⑧人。

(二年级上册第41页)

【注释】
① 蓬头:头发蓬乱的小孩儿,形容小孩儿可爱。
② 纶:钓鱼用的丝线。
③ 莓:一种野草。
④ 苔:苔藓植物。
⑤ 映:遮映。
⑥ 借问:向人打听。
⑦ 鱼惊:鱼儿受到惊吓。
⑧ 应:回应,答应。

【译文】一个头发蓬乱的小孩儿在河边学钓鱼,侧着身子坐在草丛中,绿草遮映着他的身影。有过路的人问路,他远远地摆了摆手,不敢回应路人,生怕惊动了鱼儿。

【图中故事】

"蓬头稚子学垂纶"蓬乱着头发的小孩儿正在学钓鱼;"侧坐莓苔草映身"侧着身子坐在水边的草丛中,绿草遮掩着他的身影;"路人借问遥招手"路人刚想问路,他远远地摆了摆手;"怕得鱼惊不应人"怕惊动了鱼,所以不回应路人。

【看图写诗】

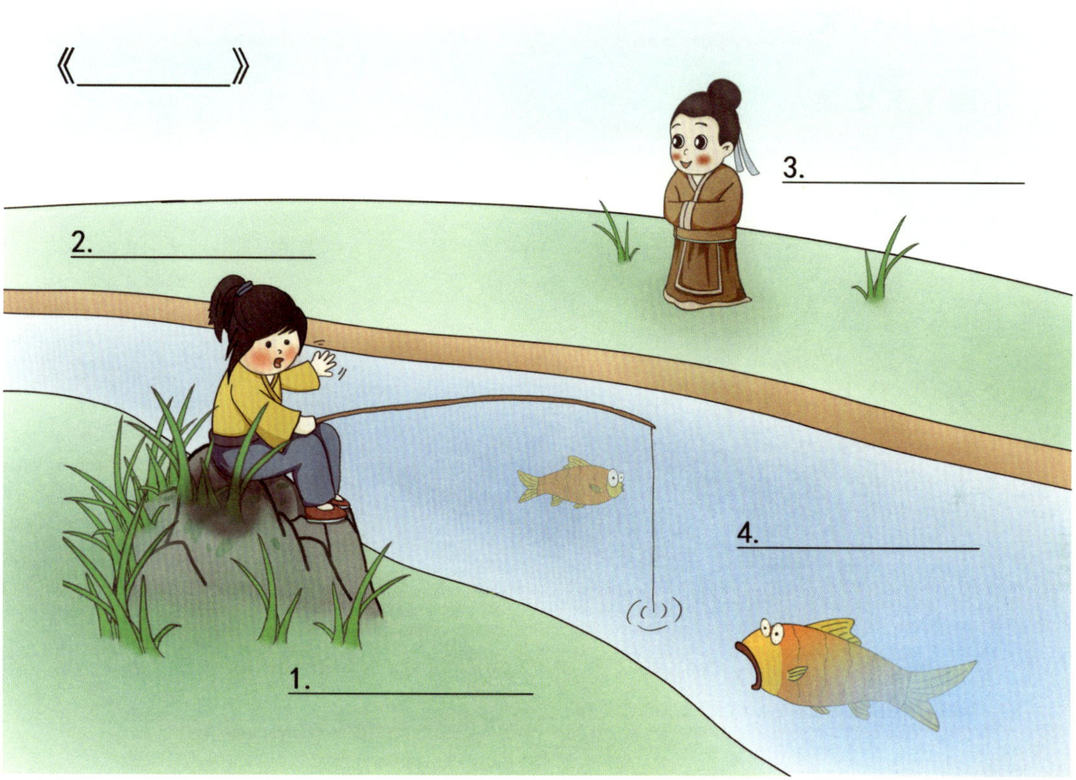

《_____》

2._____

3._____

4._____

1._____

【思维拓展】

请同学们发挥自己的想象,创造属于你的《小儿垂钓》情境图。

扫描二维码,听音频讲解。

登鹳雀楼①

[唐] 王之涣

白日②依③山尽④，
黄河入海流。
欲⑤穷⑥千里目⑦，
更⑧上一层楼。

（二年级上册第43页）

【注释】
① 鹳雀楼：旧址在山西省永济县，楼高三层，前对中条山，下临黄河。
② 白日：太阳。
③ 依：依傍。
④ 尽：消失。这句话是说太阳依傍山峦沉落。
⑤ 欲：想要得到某种东西或达到某种目的的愿望。
⑥ 穷：尽，使达到极点。
⑦ 千里目：看得更远。
⑧ 更：再。

【译文】太阳依傍着群山慢慢沉落，滔滔黄河朝着大海汹涌奔流。想要看到千里之外的风光，那就要再登上更高一层的楼。

【图中故事】

"白日依山尽"太阳依傍着山慢慢落下;"黄河入海流"黄河奔流入海;"欲穷千里目"如果想要看得更远;"更上一层楼"就要再登上更高一层的楼。

【看图写诗】

1. ＿＿＿＿＿＿＿
2. ＿＿＿＿＿＿＿
3. ＿＿＿＿＿＿＿
4. ＿＿＿＿＿＿＿

《＿＿＿＿》

【思维拓展】

qǐng tóng xué men fā huī zì jǐ de xiǎngxiàng chuàng zào shǔ yú nǐ de dēng guàn què lóu qíng jìng tú
请同学们发挥自己的想象，创造属于你的《登鹳雀楼》情境图。

扫描二维码，听音频讲解。

望庐山瀑布

[唐]李白

日照香炉①生紫烟②,
遥看③瀑布挂④前川⑤。
飞流直⑥下三千尺⑦,
疑⑧是银河落九天⑨。

（二年级上册第44页）

【注释】
① 香炉：指香炉峰。
② 紫烟：紫色的烟云。
③ 遥看：从远处看。
④ 挂：悬挂。
⑤ 川：河流，这里指瀑布。
⑥ 直：笔直。
⑦ 三千尺：形容山高。这里是夸张的说法。
⑧ 疑：怀疑。
⑨ 九天：九重天，即天空最高处。

【译文】太阳照耀着香炉峰生起紫色烟霞，从远处看去瀑布好似白色绢绸悬挂在山前的江边一样。水流从三千尺高的山崖上飞腾直落，让人怀疑是银河从天上落到了人间。

【图中故事】

"日照香炉生紫烟"太阳照着香炉峰升起了紫色的烟霞;"遥看瀑布挂前川"李白远远地看着瀑布挂在山前的河流上;"飞流直下三千尺"水从三千尺那么高的山上直直流下;"疑是银河落九天"让人怀疑是银河从九天之上落到了人间。

【看图写诗】

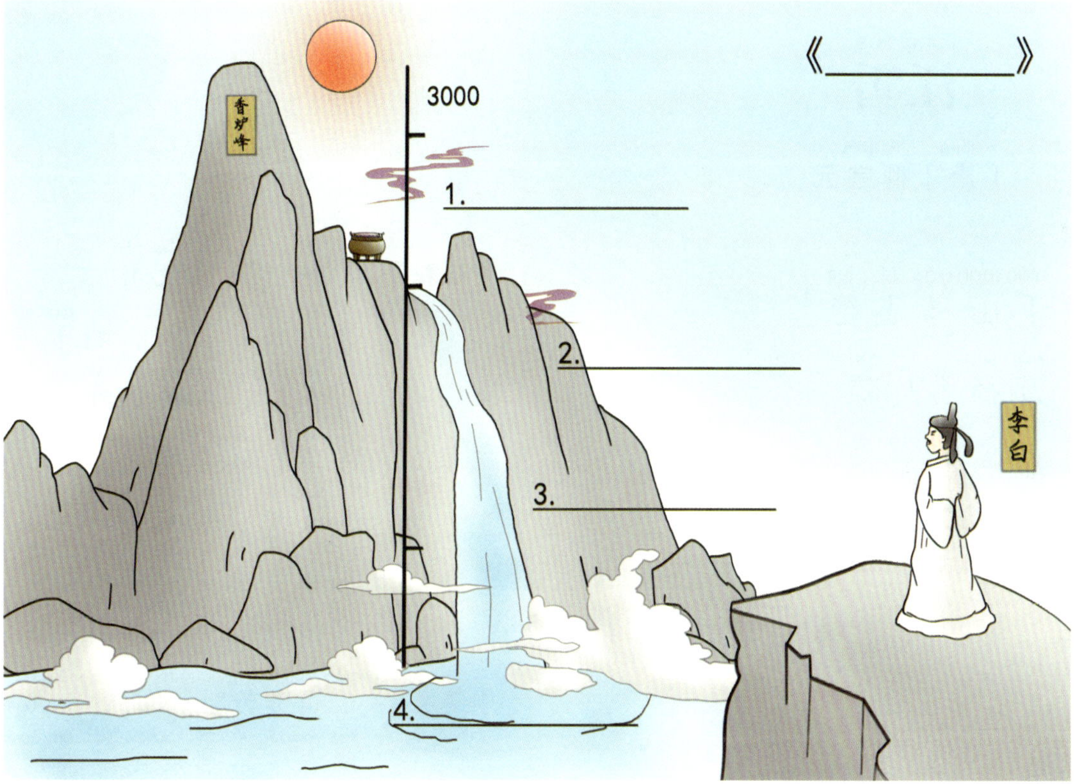

《　　　　》
3000
香炉峰
1.
2.
3.
4.
李白

【思维拓展】

qǐngtóng xué men fā huī zì jǐ de xiǎngxiàng chuàngzào shǔ yú nǐ de wàng lú shān pù bù qíng jìng tú
请同学们发挥自己的想象，创造属于你的《望庐山瀑布》情境图。

扫描二维码，听音频讲解。

江雪

[唐] 柳宗元

千山鸟飞绝①,
万径②人踪③灭。
孤④舟蓑笠⑤翁,
独⑥钓寒江雪。

（二年级上册第69页）

【注释】
① 绝：无，没有。
② 万径：虚指，指千万条路。
③ 人踪：人的脚印。
④ 孤：孤零零。
⑤ 蓑笠：蓑衣和斗笠。
⑥ 独：独自。

【译文】千山万岭上飞鸟的身影已经绝迹，所有道路都看不见人的踪迹。江面孤舟上，一位披戴着蓑笠的老翁，独自在大雪覆盖的寒冷江面上垂钓。

《江雪》
1. 千山鸟飞绝
2. 万径人踪灭
3. 孤舟蓑笠翁
4. 独钓寒江雪

【图中故事】

"千山鸟飞绝"千山万岭已没有鸟飞,图中用画成虚线的鸟表示没有鸟飞;"万径人踪灭"千万条路上没有人的踪迹,图中用画成虚线的足迹和人表示人踪灭;"孤舟蓑笠翁"只有一个老翁戴着斗笠披着蓑衣坐在孤零零的小船上;"独钓寒江雪"独自在雪中寒冷的江面垂钓。

【看图写诗】

《＿＿》

1. ＿＿＿＿＿＿

2. ＿＿＿＿＿＿

3. ＿＿＿＿＿＿

4. ＿＿＿＿＿＿

【思维拓展】

qǐng tóng xué men fā huī zì jǐ de xiǎngxiàng chuàng zào shǔ yú nǐ de jiāng xuě qíng jìng tú
请同学们发挥自己的想象，创造属于你的《江雪》情境图。

扫描二维码，听音频讲解。

夜宿①山寺

[唐] 李白

危楼②高百尺,
手可摘星辰③。
不敢高声语④,
恐⑤惊天上人。

(二年级上册第84页)

【注释】
① 宿:住,过夜。
② 危楼:高楼,这里指山顶的寺庙。
③ 星辰:天上的星星统称。
④ 语:说话。
⑤ 恐:唯恐,害怕。

【译文】山上寺院的楼真高啊,像有百尺的样子,站在上边仿佛一伸手就能摘下星星。站在这里不敢高声说话,唯恐惊动了天上的仙人。

【图中故事】

"危楼高百尺"山顶上的寺庙好像有100尺那么高;"手可摘星辰"人的手好像能摘到星星;"不敢高声语"不敢大声讲话;"恐惊天上人"怕惊动天上的神仙。

【看图写诗】

1. _____
2. _____
3. _____
4. _____

《_____》

【思维拓展】

qǐng tóng xué men fā huī zì jǐ de xiǎngxiàng chuàngzào shǔ yú nǐ de yè sù shān sì qíng jìng tú
请同学们发挥自己的想象，创造属于你的《夜宿山寺》情境图。

扫描二维码，听音频讲解。

敕勒①歌

北朝民歌

敕勒川②，阴山③下。天似穹庐④，笼盖⑤四野⑥。天苍苍⑦，野茫茫⑧，风吹草低见⑨牛羊。

（二年级上册第85页）

【注释】
① 敕勒：种族名，北齐时居住在朔州（今山西省北部）一带。
② 川：平川、平原。
③ 阴山：在今内蒙古自治区北部。
④ 穹庐：用毡布搭成的帐篷，即蒙古包。
⑤ 笼盖：另有版本作"笼罩"。
⑥ 四野：草原的四面八方。
⑦ 苍苍：青色。
⑧ 茫茫：辽阔无边的样子。
⑨ 见：同"现"，显现。

【译文】辽阔的敕勒平原，就在阴山脚下。天空就像毡制的圆顶大帐篷，笼罩着草原的四面八方。蓝蓝的天空广阔无边，碧绿的草原一望无际。风儿吹过，牧草低伏，显现出原来隐没于草丛中的众多牛羊。

【图中故事】

"敕勒川"敕勒平原;"阴山下"在阴山的脚下;"天似穹庐"天像用毡布搭成的帐篷;"笼盖四野"笼盖着草原的四面八方;"天苍苍"天是青苍色;"野茫茫"土地辽阔无边;"风吹草低见牛羊"风吹低了草,显现出草中的牛和羊。

【看图写诗】

《_____》

1. _____
2. _____
3. _____
4. _____

【思维拓展】

qǐng tóng xué men fā huī zì jǐ de xiǎngxiàng chuàngzào shǔ yú nǐ de chì lè gē qíng jìng tú
请同学们发挥自己的想象，创造属于你的《敕勒歌》情境图。

扫描二维码，听音频讲解。

村居①

[清] 高鼎

草长莺飞二月天,

拂堤杨柳②醉③春烟④。

儿童散学⑤归来早,

忙趁东风放纸鸢⑥。

(二年级下册第1页)

【注释】
① 村居:在乡村里居住时见到的景象。
② 拂堤杨柳:杨柳抚摸堤岸。
③ 醉:迷醉,陶醉。
④ 春烟:春天烟雾般的水汽。
⑤ 散学:放学。
⑥ 纸鸢:泛指风筝。它是一种纸做的形状像老鹰的风筝。

【译文】在农历二月,青草渐渐发芽生长,黄莺飞来飞去,杨柳好像在轻轻抚摸着堤岸,陶醉在春天的雾气中。村里的孩子们早早就放学回家,赶紧趁着东风把风筝放上天。

二年级 · 067

【图中故事】

"草长莺飞二月天"农历二月天,青草生长,黄莺飞舞;"拂堤杨柳醉春烟"杨柳像是在抚摸岸堤,陶醉在春天的雾气里;"儿童散学归来早"儿童从学堂早早放学;"忙趁东风放纸鸢"趁着刮东风将风筝放上天。

【看图写诗】

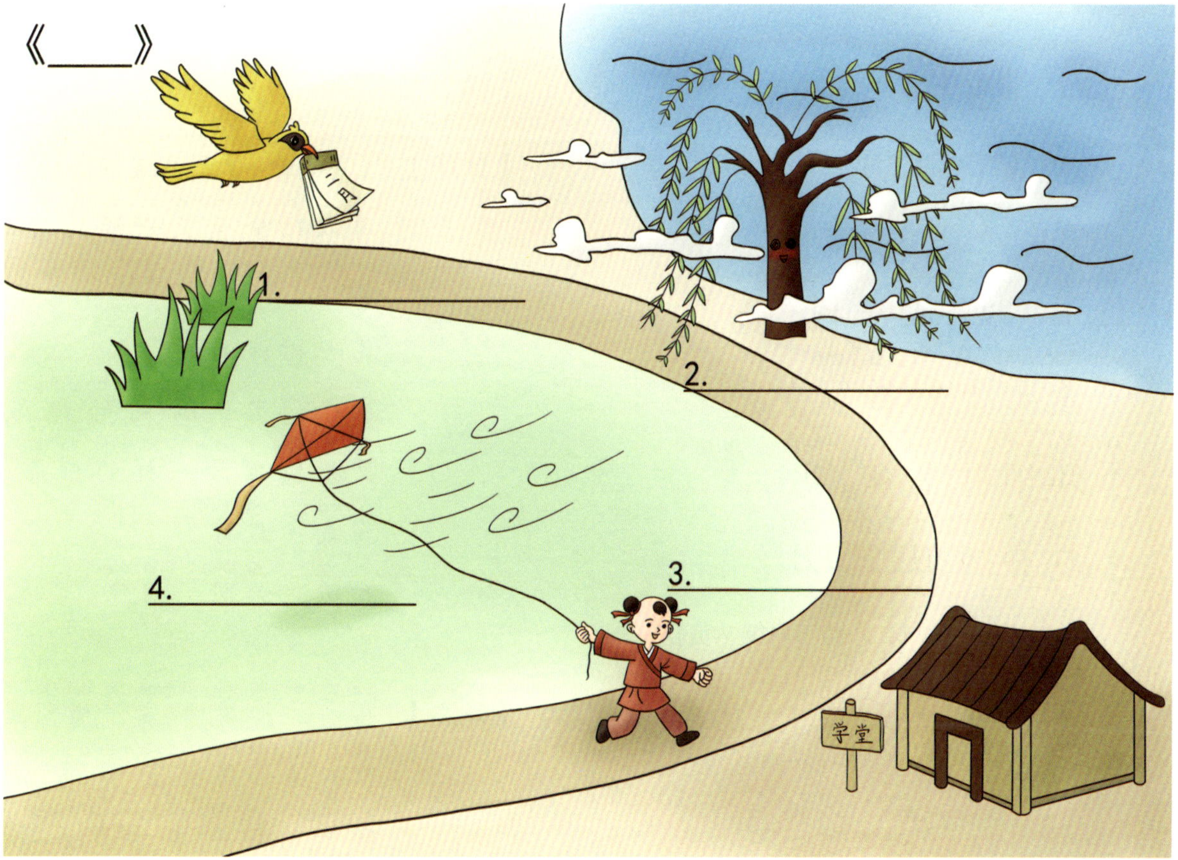

《___》

1. ___
2. ___
3. ___
4. ___

【思维拓展】

请同学们发挥自己的想象,创造属于你的《村居》情境图。

扫描二维码,听音频讲解。

咏柳

[唐] 贺知章

碧玉①妆②成一树③高,
万条垂下绿丝绦④。
不知细叶谁裁⑤出,
二月春风似⑥剪刀。

（二年级下册第 2 页）

【注释】
① 碧玉：碧绿色的玉。这里用以比喻春天嫩绿的柳叶。
② 妆：装饰，打扮。
③ 一树：满树。
④ 绦：用丝编成的绳带。这里指像丝带一样的柳条。
⑤ 裁：裁剪。
⑥ 似：如同，好像。

【译文】高高的柳树长满了嫩绿的新叶，像是用碧玉装饰成的，轻垂的柳条像千万条轻轻飘动的绿丝带。不知道这细细的柳叶是谁裁剪出的呢？原来是那二月的春风——它就像一把灵巧的剪刀。

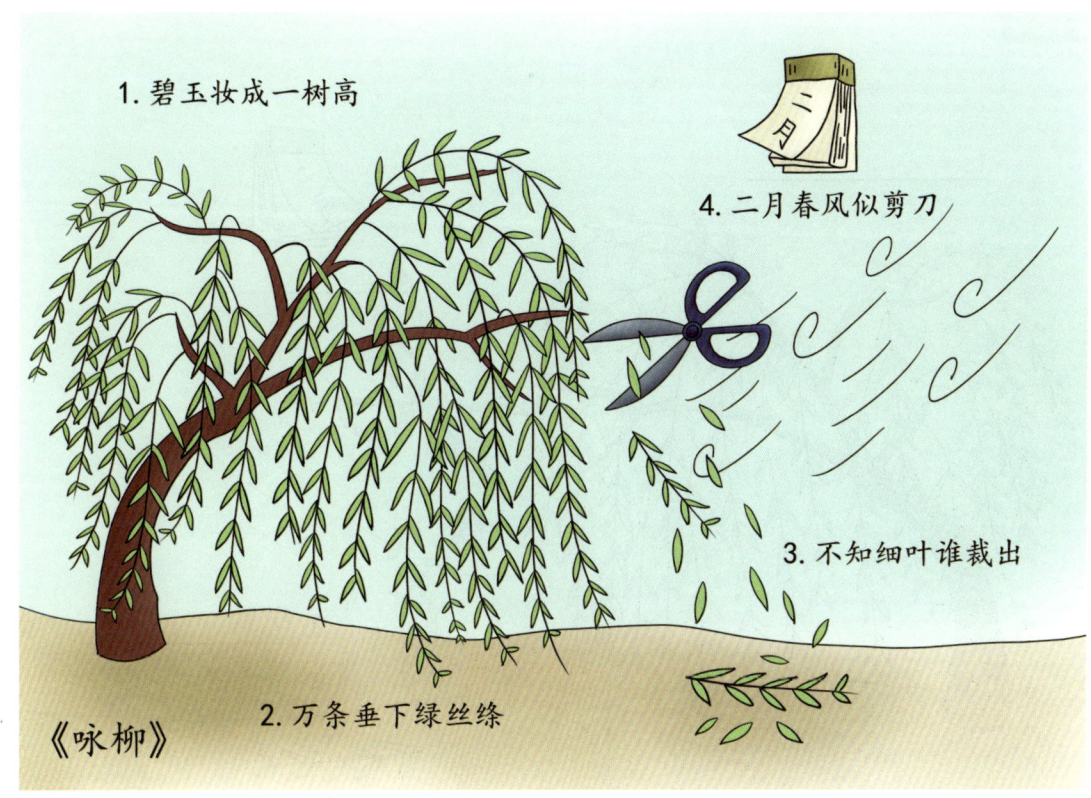

【图中故事】

"碧玉妆成一树高"春天嫩绿的柳叶像碧玉一样装饰了一整棵树;"万条垂下绿丝绦"千万条垂下的柳条像绿色的丝带一样;"不知细叶谁裁出"细细的柳叶不知道是谁裁剪出的;"二月春风似剪刀"原来是二月的春风幻化成了剪刀。

【看图写诗】

1. ＿＿＿＿＿＿＿＿＿＿
2. ＿＿＿＿＿＿＿＿＿＿
3. ＿＿＿＿＿＿＿＿＿＿
4. ＿＿＿＿＿＿＿＿＿＿

《＿＿》

【思维拓展】

qǐng tóng xué men fā huī zì jǐ de xiǎng xiàng chuàng zào shǔ yú nǐ de yǒng liǔ qíng jìng tú
请同学们发挥自己的想象，创造属于你的《咏柳》情境图。

扫描二维码，听音频讲解。

赋得①古原草送别(节选)

[唐] 白居易

离离②原上草,
一岁一枯③荣④。
野火烧不尽,
春风吹又生。

(二年级下册第13页)

【注释】①赋得:借古人成句命题作诗。
②离离:青草茂盛的样子。
③枯:枯萎。
④荣:茂盛。

【译文】原野上的草非常的茂盛,每一年都经历枯萎和茂盛的过程。野火不能把它完全烧干净,春风一吹来,它又会重新生长。

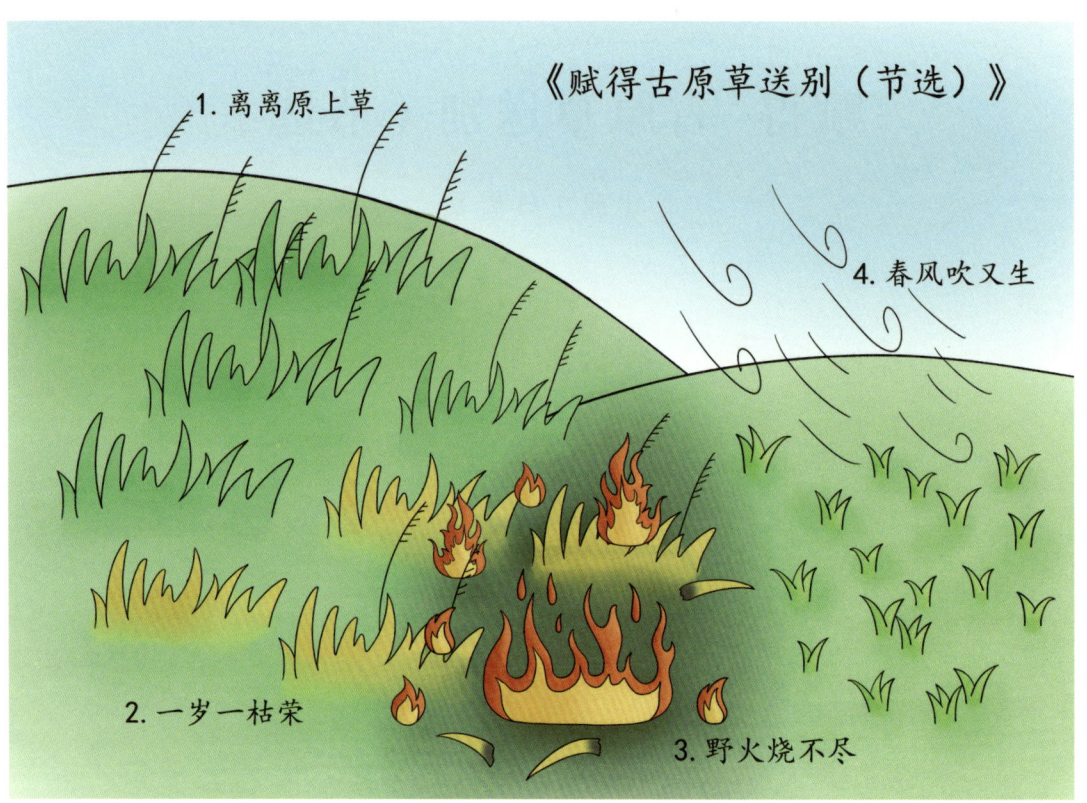

【图中故事】

"离离原上草"草原上的草生长得非常茂盛;"一岁一枯荣"每一年都会经历枯萎和茂盛的过程;"野火烧不尽"火不能将草燃烧干净;"春风吹又生"春天的风一吹,草又会生长出来。

【看图写诗】

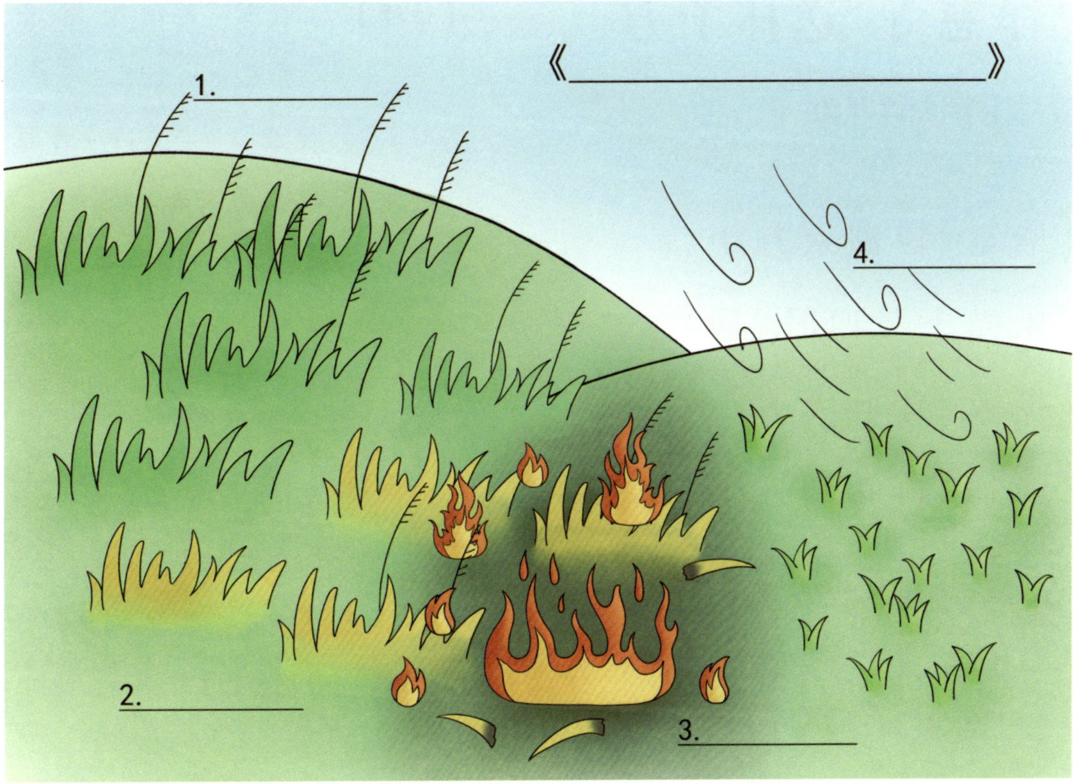

《_____》

1. _____
2. _____
3. _____
4. _____

【思维拓展】

请同学们发挥自己的想象,创造属于你的《赋得古原草送别(节选)》情境图。

扫描二维码,听音频讲解。

晓出①净慈寺②送林子方

[宋] 杨万里

毕竟③西湖六月中,
风光不与四时④同⑤。
接天⑥莲叶无穷⑦碧,
映日⑧荷花别样⑨红。

（二年级下册第71页）

【注释】
①晓出：太阳刚刚升起。
②净慈寺：全名"净慈报恩光孝禅寺"，与灵隐寺为杭州西湖南北山两大著名佛寺。
③毕竟：到底。
④四时：春夏秋冬四个季节。在这里指六月以外的其他时节。
⑤同：相同。
⑥接天：像与天空相接。
⑦无穷：无边无际。
⑧映日：太阳映照。
⑨别样：宋代俗语，特别，不一样。

【译文】到底是西湖六月的景色，风光与其他季节大不相同。层层叠叠的荷叶铺展开去，与蓝天相接，一片无边无际的青翠碧绿，阳光下的荷花特别的鲜艳娇红。

【图中故事】

"毕竟西湖六月中"杨万里在农历六月到了西湖;"风光不与四时同"这里的风光景象与除六月外的其他时节不同,图中用四季不同的事物表示"四时";"接天莲叶无穷碧"碧绿的莲叶看上去无穷无尽,像是与天空相接;"映日荷花别样红"荷花在阳光的照射下特别鲜红。

【看图写诗】

《_____》

1._____
2._____
3._____
4._____

【思维拓展】

qǐng tóng xué men fā huī zì jǐ de xiǎngxiàng chuàng zào shǔ yú nǐ de xiǎo chū jìng cí sì sòng lín zǐ fāng qíng jìng tú
请同学们发挥自己的想象，创造属于你的《晓出净慈寺送林子方》情境图。

扫描二维码，听音频讲解。

绝句

[唐] 杜甫

两个黄鹂鸣翠柳，
一行白鹭上青天。
窗含西岭①千秋雪②，
门泊③东吴④万里船⑤。

(二年级下册第72页)

【注释】
① 西岭：西岭雪山。
② 千秋雪：指西岭雪山上千年不化的积雪。
③ 泊：停泊。
④ 东吴：古时候吴国的领地，今江苏省一带。
⑤ 万里船：不远万里开来的船只。

【译文】两只黄鹂在翠绿的柳树间鸣叫，一行白鹭直冲向湛蓝的天空。从窗户望出去，可以看到有千年积雪的西岭雪山，门前停泊着东吴不远万里开来的船只。

【图中故事】

"两个黄鹂鸣翠柳"两只黄鹂在翠绿的柳树上相互鸣叫;"一行白鹭上青天"一行白鹭飞上了青天;"窗含西岭千秋雪"窗外能看见西岭千年的冰雪;"门泊东吴万里船"门口停着从万里之外的东吴来的船只。

【看图写诗】

【思维拓展】

请同学们发挥自己的想象,创造属于你的《绝句》情境图。

扫描二维码,听音频讲解。

mǐn nóng qí yī

悯农（其一）

táng lǐ shēn

［唐］李绅

chūn zhòng yí lì sù

春种一粒粟①，

qiū shōu wàn kē zǐ

秋收②万颗子。

sì hǎi wú xián tián

四海③无闲田，

nóng fū yóu è sǐ

农夫犹④饿死。

（二年级下册第 83 页）

sù fàn zhǐ gǔ lèi

【注释】①粟：泛指谷类。

qiū shōu yí zuò qiū chéng

②秋收：一作“秋成”。

sì hǎi zhǐ quán guó

③四海：指全国。

yóu réng rán

④犹：仍然。

chūn tiān bō xià yí lì zhǒng zi qiū tiān jiù kě yǐ shōu huò hěn duō liáng shi quán guó méi yǒu huāng fèi bú zhòng de tián dì

【译文】春天播下一粒种子，秋天就可以收获很多粮食。全国没有荒废不种的田地，

què réng rán yǒu láo kǔ nóng mín bèi è sǐ

却仍然有劳苦农民被饿死。

【图中故事】

"春种一粒粟"图中一个农民在春天种下了一粒种子;"秋收万颗子"在秋天的时候收获了许多粮食,图中用粮仓和溢出的谷子表示粮食很多,即"万颗子";"四海无闲田"图中所有的田都种满了谷物,表示天底下没有荒废的田;"农夫犹饿死"但还是有农民因为饥饿而死。

【看图写诗】

1. _____
2. _____
3. _____
4. _____

《_____》

【思维拓展】

qǐng tóng xué men fā huī zì jǐ de xiǎng xiàng chuàng zào shǔ yú nǐ de mǐn nóng qí yī qíng jìng tú
请同学们发挥自己的想象，创造属于你的《悯农（其一）》情境图。

扫描二维码，听音频讲解。

舟夜书所见

[清] 查慎行

月黑见渔灯，
孤光①一点萤。
微微风簇②浪，
散作满河星。

（二年级下册第113页）

【注释】① 孤光：孤零零的灯光。
② 簇：拥起。

【译文】漆黑无月的夜里，孤零零的一盏渔灯像萤火虫一样闪现在河面。微风吹过，河水泛起层层波浪，渔灯的微光在水面上散开，像无数的星星在河面上散落。

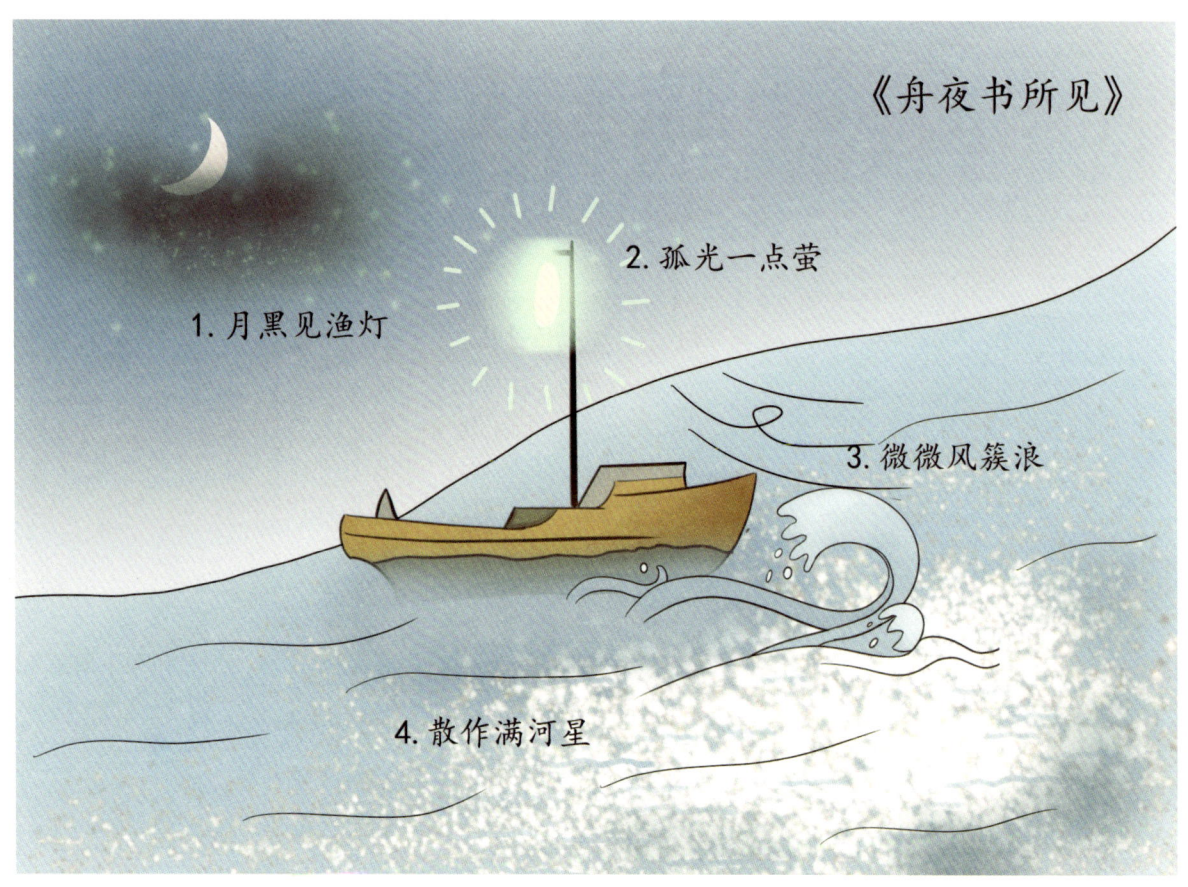

【图中故事】

"月黑见渔灯"月亮被乌云遮挡,只能看见渔船上的灯;"孤光一点萤"孤零零的像萤火虫一样发出微光;"微微风簇浪"微风轻轻地吹着浪;"散作满河星"微光散落在水中似漫天星光。

【看图写诗】

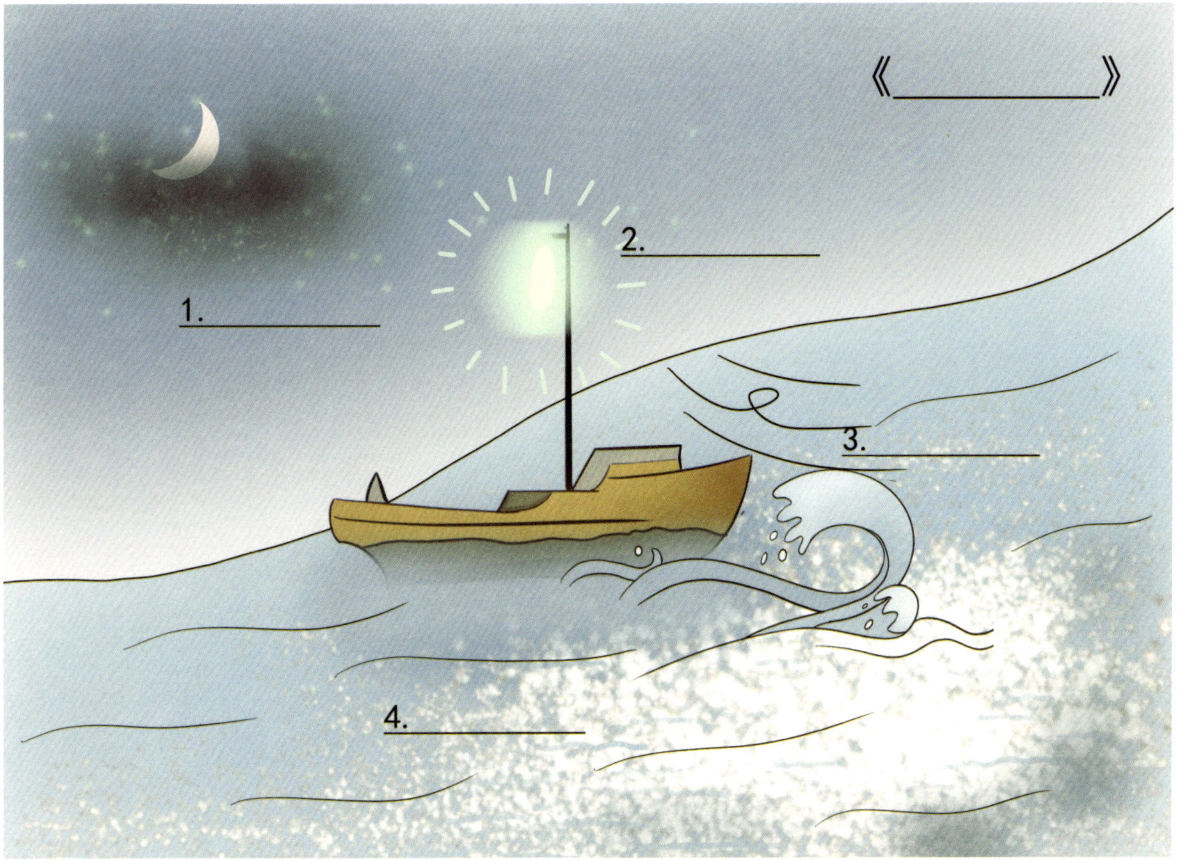

《_____》

1._____
2._____
3._____
4._____

【思维拓展】

请同学们发挥自己的想象，创造属于你的《舟夜书所见》情境图。

扫描二维码，听音频讲解。

三年级

所见

[清] 袁枚

牧童①骑黄牛，
歌声振②林樾③。
意欲④捕⑤鸣⑥蝉，
忽然闭口立⑦。

（三年级上册第12页）

【注释】
①牧童：指放牛的孩子。
②振：振荡，回荡。说明牧童的歌声嘹亮。
③林樾：指道路旁成荫的树。
④欲：想要。
⑤捕：捉。
⑥鸣：叫。
⑦立：站立。

【译文】 牧童骑在黄牛背上，嘹亮的歌声在树林里回荡。忽然想要捕捉树上鸣叫的知了，于是马上紧闭嘴巴，静悄悄地站立在树旁。

【图中故事】

"牧童骑黄牛"一个牧童骑着一头黄牛;"歌声振林樾"歌声在林子里回荡;"意欲捕鸣蝉"突然想要捕捉鸣叫的蝉;"忽然闭口立"于是马上闭上嘴巴拿上工具悄悄站在树旁。

【看图写诗】

《____》

1. _____
2. _____
3. _____
4. _____

【思维拓展】

qǐng tóng xué men fā huī zì jǐ de xiǎngxiàng chuàngzào shǔ yú nǐ de 《suǒ jiàn》qíng jìng tú
请同学们发挥自己的想象，创造属于你的《所见》情境图。

扫描二维码，听音频讲解。

山行①

[唐] 杜牧

远上寒山②石径③斜④,
白云生处⑤有人家。
停车坐⑥爱枫林晚,
霜叶红于二月花。

(三年级上册第14页)

【注释】
① 山行:在山中行路。
② 寒山:指深秋时候的山。
③ 径:小路。
④ 斜:伸向。
⑤ 白云生处:白云升腾、缭绕和飘浮种种动态,也说明山很高。
⑥ 坐:因为。

【译文】深秋时节,沿着弯弯曲曲的石头小路上山,在白云缭绕的地方隐隐约约有几户人家。停下车来是因为喜爱这深秋傍晚的枫林,经过霜打的枫叶比二月鲜艳的花还要红。

【图中故事】

"远上寒山石径斜"深秋时节,在远处的山上石头小路斜着伸向远方;"白云生处有人家"白云升腾的地方有人居住;"停车坐爱枫林晚"停下马车是因为喜爱这片枫林的晚景;"霜叶红于二月花"被霜打过的枫叶比二月的花还要红。

【看图写诗】

《＿＿》

1. ＿＿＿＿＿
2. ＿＿＿＿＿
3. ＿＿＿＿＿
4. ＿＿＿＿＿

【思维拓展】

qīng tóng xué men fā huī zì jǐ de xiǎng xiàng chuàng zào shǔ yú nǐ de　　shān xíng　 qíng jìng tú
请同学们发挥自己的想象，创造属于你的《山行》情境图。

扫描二维码，听音频讲解。

三年级 ·095·

赠刘景文

[宋] 苏轼

荷尽①已无擎②雨盖③，
菊残④犹⑤有傲霜⑥枝。
一年好景君⑦须记⑧，
最是橙黄橘绿时⑨。

（三年级上册第14页）

【注释】
① 荷尽：荷花枯萎，残败凋谢。
② 擎：举，向上托。
③ 雨盖：旧称雨伞，诗中比喻荷叶舒展的样子。
④ 菊残：菊花凋谢。
⑤ 犹：仍然。
⑥ 傲霜：不怕霜冻寒冷，坚强不屈。
⑦ 君：这里指对男子的敬称，您。
⑧ 须记：一定要记住。
⑨ 橙黄橘绿时：指橙子发黄、橘子将黄犹绿的时候，指秋末冬初。

【译文】荷花凋落，连那遮雨的荷叶也枯萎了。菊花凋谢了，但花枝还在傲寒斗霜。一年中最好的光景你一定要记住，那就是橙子金黄、橘子青绿的秋末冬初的时节啊。

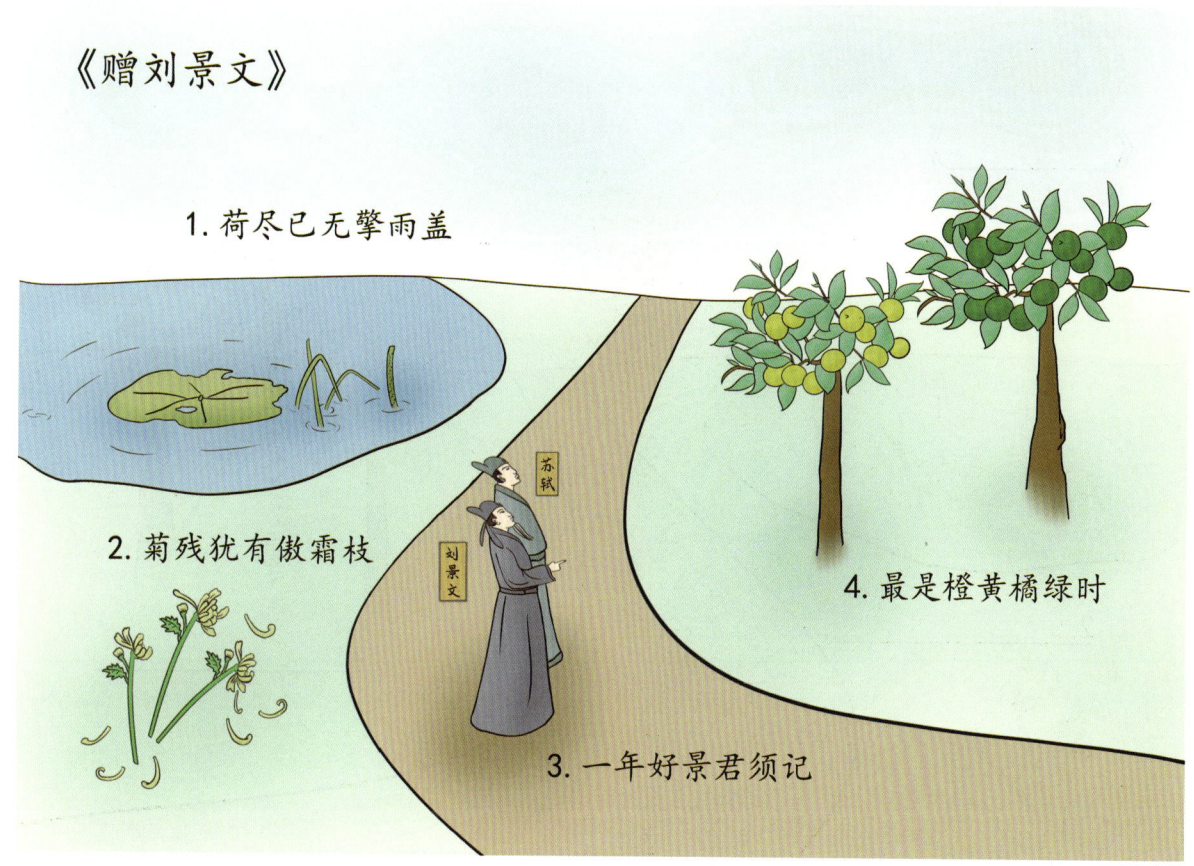

【图中故事】

"荷尽已无擎雨盖"荷花凋谢了,遮雨的荷叶也枯萎了;"菊残犹有傲霜枝"菊花凋落了,枝干却依然傲寒斗霜;"一年好景君须记"诗人苏轼对刘景文说:一年中最好的光景你要记住啊;"最是橙黄橘绿时"就是这橙子金黄、橘子青绿的时节。

【看图写诗】

《_____》

1. _____

2. _____

3. _____

4. _____

（苏轼、刘景文）

【思维拓展】

qǐng tóng xué men fā huī zì jǐ de xiǎng xiàng chuàng zào shǔ yú nǐ de zèng liú jǐng wén qíng jìng tú
请 同 学 们 发 挥 自 己 的 想 象，创 造 属 于 你 的《赠 刘 景 文》情 境 图。

扫描二维码，听音频讲解。

夜书所见

[宋] 叶绍翁

萧萧①梧叶送寒声，
江上秋风动客情②。
知有儿童挑③促织④，
夜深篱落⑤一灯明。

（三年级上册第15页）

【注释】
① 萧萧：这里形容风吹梧桐叶发出的声音。
② 客情：旅客思乡之情。
③ 挑：用细长的东西拨弄。
④ 促织：蟋蟀，也叫蛐蛐儿。
⑤ 篱落：篱笆。

【译文】瑟瑟的秋风吹动梧桐树叶，送来阵阵寒意，江上秋风吹过，使得在外的游子不禁思念起自己的家乡。料想家中孩子们在逗弄蟋蟀，夜深人静了，远处的篱笆下还亮着一点灯火。

【图中故事】

"萧萧梧叶送寒声"萧萧秋风吹动梧桐叶,伴着风声飘落送来了寒意;"江上秋风动客情"江上的秋风吹过,在外的游子不禁思念起了家乡;"知有儿童挑促织"料想家中的孩童在逗弄蟋蟀;"夜深篱落一灯明"夜深了,远处篱笆下还有一盏灯亮着。

【看图写诗】

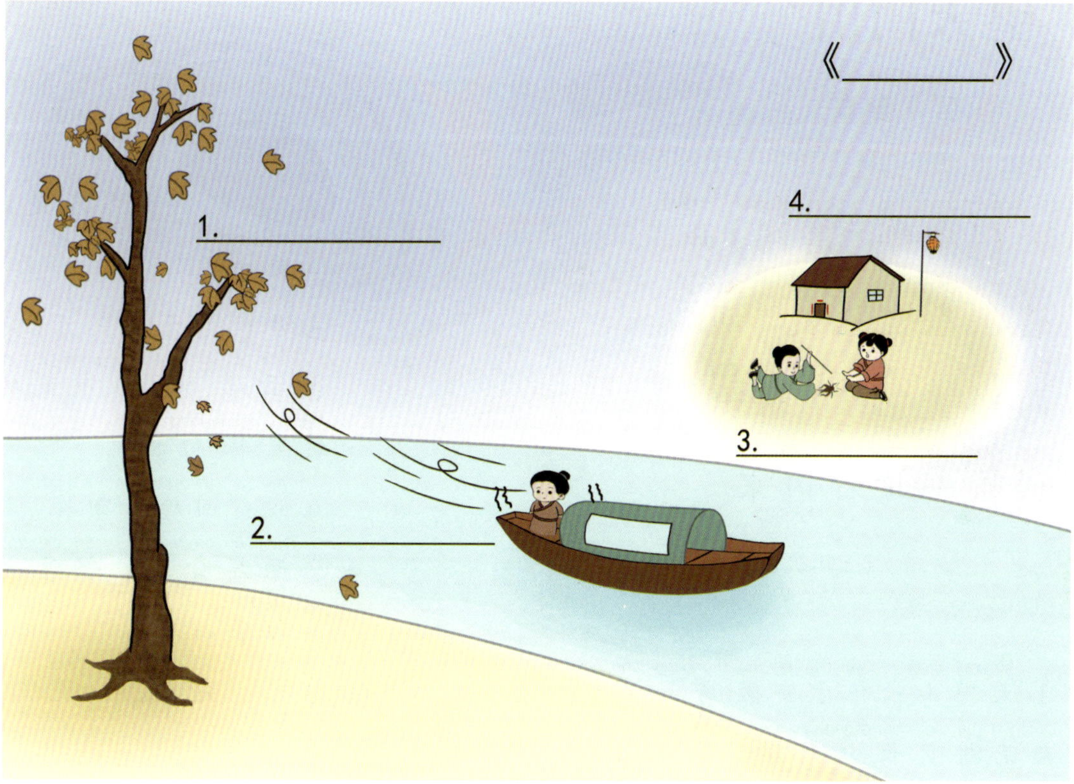

《_____》

1._____
2._____
3._____
4._____

【思维拓展】

请同学们发挥自己的想象,创造属于你的《夜书所见》情境图。

扫描二维码,听音频讲解。

望天门山①

[唐] 李白

天门中断②楚江③开④，
碧水东流至此⑤回⑥。
两岸青山⑦相对出⑧，
孤帆一片日边来。

（三年级上册第74页）

【注释】
① 天门山：位于安徽省和县与芜湖市长江两岸，在江北的叫西梁山，在江南的叫东梁山（古代又称博望山）。两山隔江对峙，形同天设的门户，天门由此得名。
② 中断：从中间隔断。
③ 楚江：即长江。因为古代长江中游地带属楚国，所以叫楚江。
④ 开：劈开，断开。
⑤ 至此：意为东流的江水在这里转向北流。
⑥ 回：回旋，回转。
⑦ 两岸青山：分别指东梁山和西梁山。
⑧ 出：突出，出现。

【译文】 高高的天门山被浩荡的长江从中间断开，碧绿的江水滚滚东流到这里，又回旋向北流去。两岸的青山相对耸立，一只小船从太阳边上的地方悠悠驶来。

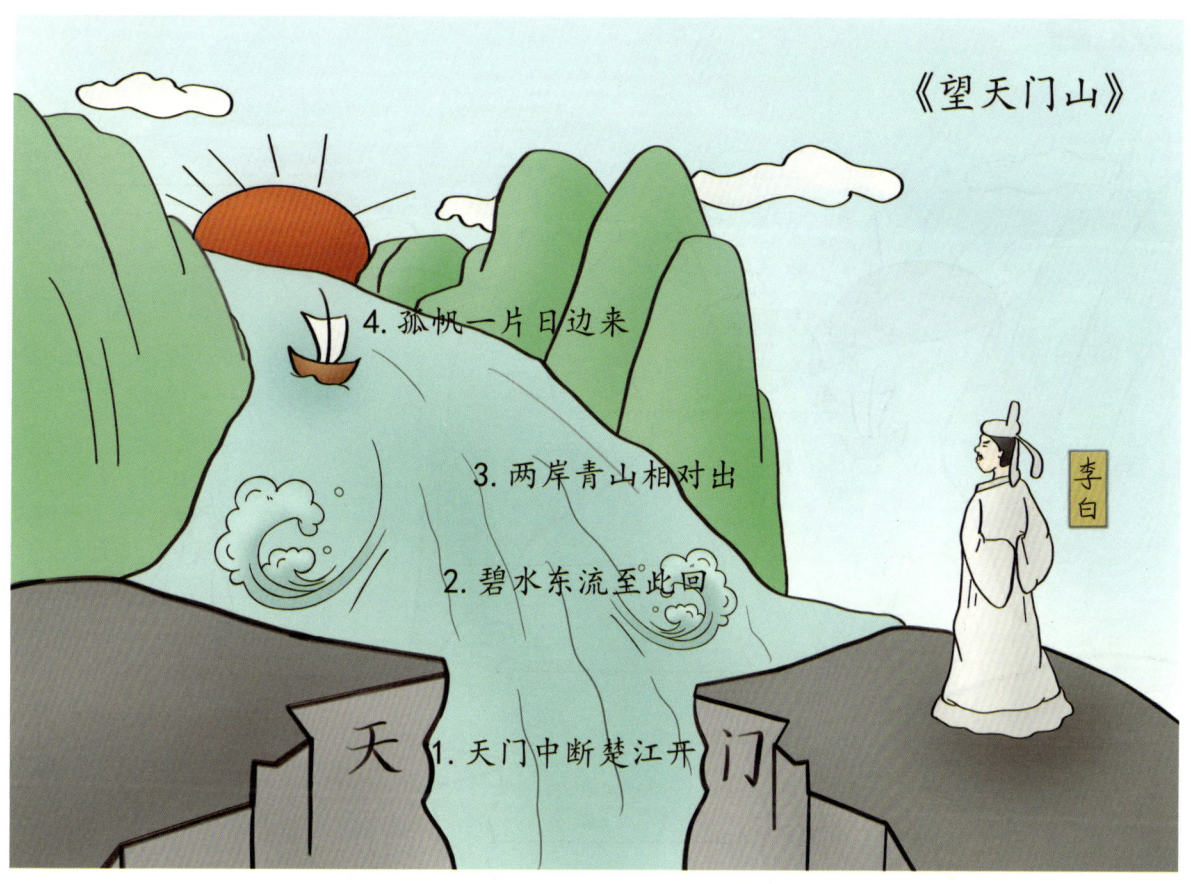

【图中故事】

"天门中断楚江开"李白看着天门山被楚江从中间断开;"碧水东流至此回"碧绿的江水流到了山这里又回旋向北;"两岸青山相对出"两岸的青山相对而立;"孤帆一片日边来"一只小船从太阳边上的地方漂来。

【看图写诗】

《_____》

1. _____
2. _____
3. _____
4. _____

李白

【思维拓展】

qǐng tóng xué men fā huī zì jǐ de xiǎng xiàng chuàng zào shǔ yú nǐ de wàng tiān mén shān qíng jìng tú
请 同 学 们 发 挥 自 己 的 想 象，创 造 属 于 你 的《望 天 门 山》情 境 图。

扫描二维码，听音频讲解。

饮湖上初晴后雨

[宋] 苏轼

水光潋滟①晴方好②,
山色空蒙③雨亦④奇⑤。
欲⑥把西湖比西子⑦,
淡妆浓抹总相宜⑧。

(三年级上册第74页)

【注释】
① 潋滟:水波荡漾、波光闪动的样子。
② 方好:正显得美。
③ 空蒙:迷茫缥缈的样子。
④ 亦:也。
⑤ 奇:奇妙。
⑥ 欲:可以,如果。
⑦ 西子:即西施,春秋时期越国著名的美女。
⑧ 总相宜:都很合适,十分自然。

【译文】晴天,西湖的水面微波粼粼,波光闪动,看起来很美。即使下雨,山色朦胧,西湖的景致也显得非常奇妙。如果把西湖比作美人西施,无论是淡雅的妆饰还是浓艳的妆饰都很合适。

《饮湖上初晴后雨》

1. 水光潋滟晴方好
2. 山色空蒙雨亦奇
3. 欲把西湖比西子
4. 淡妆浓抹总相宜

【图中故事】

"水光潋滟晴方好"在晴天水面波光粼粼，西湖显得很美；"山色空蒙雨亦奇"在雨天山虚无缥缈，云雾迷茫，西湖显得很奇妙；"欲把西湖比西子"苏轼说如果把西湖比喻成西施的脸；"淡妆浓抹总相宜"无论淡雅的妆饰还是浓艳的妆饰都很合适。

【看图写诗】

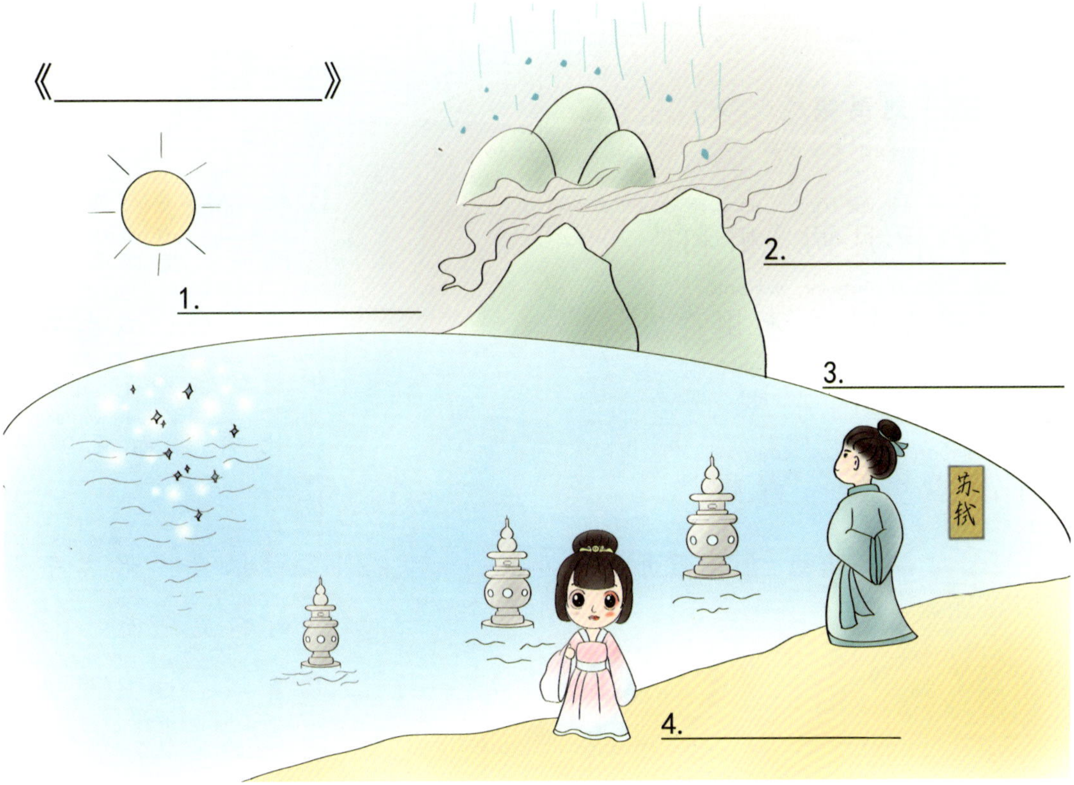

《_____》

1._____
2._____
3._____
4._____

【思维拓展】

请同学们发挥自己的想象,创造属于你的《饮湖上初晴后雨》情境图。

扫描二维码,听音频讲解。

望洞庭①

[唐] 刘禹锡

湖光②秋月两③相和④,

潭面⑤无风镜未磨⑥。

遥望洞庭山水翠,

白银盘⑦里一青螺⑧。

(三年级上册第75页)

【注释】
① 洞庭:湖名,位于湖南省北部。
② 湖光:湖面的波光。
③ 两:指湖光和秋月。
④ 和:指水色与月光互相辉映。
⑤ 潭面:指湖面。
⑥ 镜未磨:古人的镜子是用铜制的,经打磨而成。这里是比喻湖面无风,水平如镜。
⑦ 白银盘:形容平静而又清澈的洞庭湖面。
⑧ 青螺:这里用来形容洞庭湖中的君山。

【译文】洞庭湖中的水光与秋月互相辉映,湖面风平浪静,犹如尚未打磨的铜镜。远远眺望,洞庭湖的山水苍翠如墨,好似白银盘里托着一枚青螺。

【图中故事】

"湖光秋月两相和"洞庭湖上的水色和秋月交相辉映;"潭面无风镜未磨"没有风的时候湖面像没有打磨过的镜子;"遥望洞庭山水翠"刘禹锡远远望着远处洞庭湖翠绿的山水;"白银盘里一青螺"就好像白银盘里放着一枚青螺。

【看图写诗】

《____》

1. _____
2. _____
3. _____
4. _____

【思维拓展】

qīng tóng xué men fā huī zì jǐ de xiǎng xiàng chuàng zào shǔ yú nǐ de wàng dòng tíng qíng jìng tú
请同学们发挥自己的想象，创造属于你的《望洞庭》情境图。

扫描二维码，听音频讲解。

早发①白帝城

[唐] 李白

朝②辞③白帝彩云间④,
千里江陵⑤一日还⑥。
两岸猿⑦声啼⑧不住⑨,
轻舟已过万重山⑩。

(三年级上册第86页)

【注释】
① 发：启程。
② 朝：早晨。
③ 辞：告别。
④ 彩云间：因白帝城在白帝山上，地势高耸，从山下江中仰望，仿佛耸入云间。
⑤ 江陵：今湖北省荆州市。
⑥ 还：归，返回。
⑦ 猿：猿猴。
⑧ 啼：鸣、叫。
⑨ 住：停息。
⑩ 万重山：层层叠叠的山，形容有许多。

【译文】清晨告别云雾笼罩着的白帝城，一天的时间就能到达千里外的江陵。两岸猿猴的啼叫声不断，不知不觉，轻快的小舟已穿过万重青山。

【图中故事】

"朝辞白帝彩云间"早上从云雾缭绕的白帝城出发;"千里江陵一日还"乘船一日就能到达千里之外的江陵;"两岸猿声啼不住"两岸的猿猴啼叫不停;"轻舟已过万重山"轻快的小舟已经穿过了万座山。

【看图写诗】

【思维拓展】

请同学们发挥自己的想象,创造属于你的《早发白帝城》情境图。

扫描二维码,听音频讲解。

采莲曲

[唐] 王昌龄

荷叶罗裙①一色裁②,
芙蓉③向脸两边开。
乱入④池中看不见,
闻歌⑤始觉⑥有人来。

(三年级上册第100页)

【注释】
① 罗裙：用细软而有疏孔的丝织品制成的裙子。
② 一色裁：像是用同一颜色的衣料剪裁的。
③ 芙蓉：指荷花。
④ 乱入：杂入、混入。
⑤ 闻歌：听到歌声。
⑥ 始觉：才知道。

【译文】采莲少女的绿罗裙融入到田田荷叶中，仿佛融为了一个颜色，少女的脸庞掩映在盛开的荷花间。混入莲池中不见了踪迹，听到歌声才觉察到有人过来了。

【图中故事】

"荷叶罗裙一色裁"采莲的少女的绿罗裙与莲叶仿佛融成一色;"芙蓉向脸两边开"少女的脸庞掩映在盛开的荷花间;"乱入池中看不见"少女混入了池中不见踪迹;"闻歌始觉有人来"听到远处的歌声才发现有人来了。

【看图写诗】

《____》

1. _____
2. _____
3. _____
4. _____

【思维拓展】

qīng tóng xué men fā huī zì jǐ de xiǎng xiàng chuàng zào shǔ yú nǐ de cǎi lián qǔ qíng jìng tú
请同学们发挥自己的想象，创造属于你的《采莲曲》情境图。

扫描二维码，听音频讲解。

绝句

[唐] 杜甫

迟日①江山丽,
春风花草香。
泥融②飞燕子,
沙暖睡鸳鸯③。

（三年级下册第2页）

【注释】① 迟日：春天日渐长，所以说迟日。
② 泥融：这里指泥土滋润、湿润。
③ 鸳鸯：一种水鸟，雄鸟与雌鸟常双双出没。

【译文】江河山川沐浴着春天的阳光显得如此秀丽，春风拂过花草，带来芳香。泥土湿软，燕子忙着衔泥筑巢。暖和的沙滩上睡着成双成对的鸳鸯。

【图中故事】

"迟日江山丽"春天的阳光照耀着江河山川显得十分壮丽;"春风花草香"春风拂过,花草飘香;"泥融飞燕子"泥土湿软,燕子飞来飞去衔泥筑巢;"沙暖睡鸳鸯"暖洋洋的沙滩上睡着一对鸳鸯。

【看图写诗】

《___》

1. ___
2. ___
3. ___
4. ___

【思维拓展】

qǐng tóng xué men fā huī zì jǐ de xiǎngxiàng chuàng zào shǔ yú nǐ de 《 jué jù 》 qíng jìng tú
请 同 学 们 发 挥 自 己 的 想 象 ， 创 造 属 于 你 的 《 绝 句 》 情 境 图 。

扫描二维码，听音频讲解。

惠崇①春江晚景

[宋] 苏轼

竹外桃花三两枝，
春江水暖鸭先知。
蒌蒿②满地芦芽③短，
正是河豚④欲上⑤时。

（三年级下册第2页）

【注释】
① 惠崇（亦为慧崇）：福建建阳僧人，宋初九僧之一，善于诗画。
② 蒌蒿：草名，有青蒿、白蒿等品种。
③ 芦芽：芦苇的幼芽，可食用。
④ 河豚：鱼的一种，学名"鲀"，肉味鲜美，但是卵巢和肝脏有剧毒。产于我国沿海和一些内河。每年春天逆江而上，在淡水中产卵。
⑤ 上：指逆江而上。

【译文】竹林外两三枝桃花初放，水中嬉戏的鸭子最先察觉到初春江水的回暖。河滩上长满了蒌蒿，芦苇也长出短短的新芽，而河豚此时正要逆流而上，从大海回游到江河里来了。

【图中故事】

"竹外桃花三两枝"竹子旁伸出了两三枝桃花;"春江水暖鸭先知"春天江水变暖时鸭子早早就知道了;"蒌蒿满地芦芽短"满地的蒌蒿,芦苇也长出了嫩芽;"正是河豚欲上时"河豚这个时候正要逆江而上。

【看图写诗】

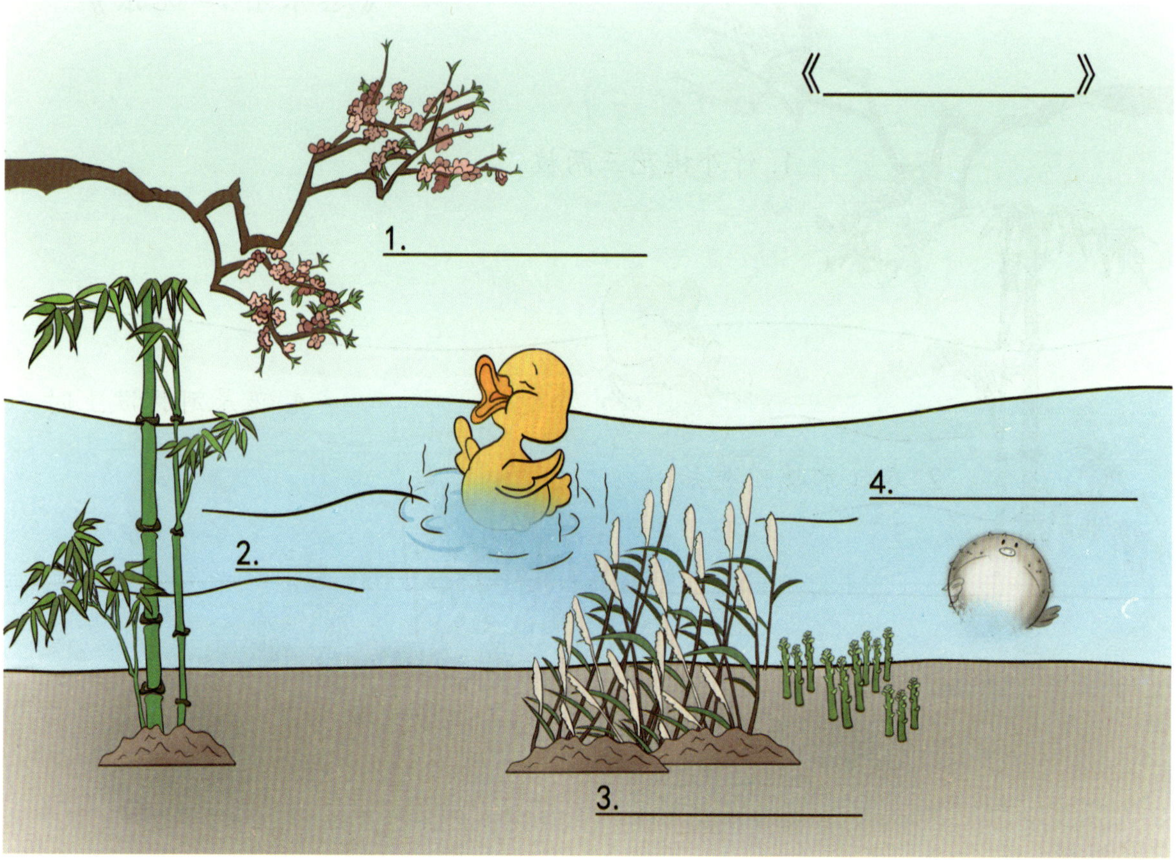

《_____》

1._____

2._____

3._____

4._____

【思维拓展】

请同学们发挥自己的想象，创造属于你的《惠崇春江晚景》情境图。

扫描二维码，听音频讲解。

三衢道中①

[宋] 曾几

梅子黄时②日日晴，
小溪泛③尽却山行④。
绿阴⑤不减⑥来时路，
添得黄鹂四五声。

（三年级下册第3页）

【注释】
① 三衢道中：在去衢州的道路上。三衢即衢州，今浙江省常山县，因境内有三衢山而得名。
② 梅子黄时：指五月，梅子成熟的季节。
③ 泛：乘船。
④ 却山行：再走山间小路。
⑤ 绿阴：苍翠的树荫。
⑥ 不减：并没有少多少，差不多。

【译文】梅子成熟的时候，天天都是晴朗的好天气，乘小船走到小溪的尽头，再走山间小路。山路上古树苍翠，与来时水路上的风景相比也毫不逊色，深林丛中传来几声黄鹂的欢鸣声，更增添了些幽趣。

【图中故事】

"梅子黄时日日晴"梅子金黄的时候天天都是晴天;"小溪泛尽却山行"曾几乘船到小溪的尽头再走山路;"绿阴不减来时路"山上古树苍翠,和水路上的风景一样好看;"添得黄鹂四五声"黄鹂的几声鸣叫又增添了几分幽趣。

【看图写诗】

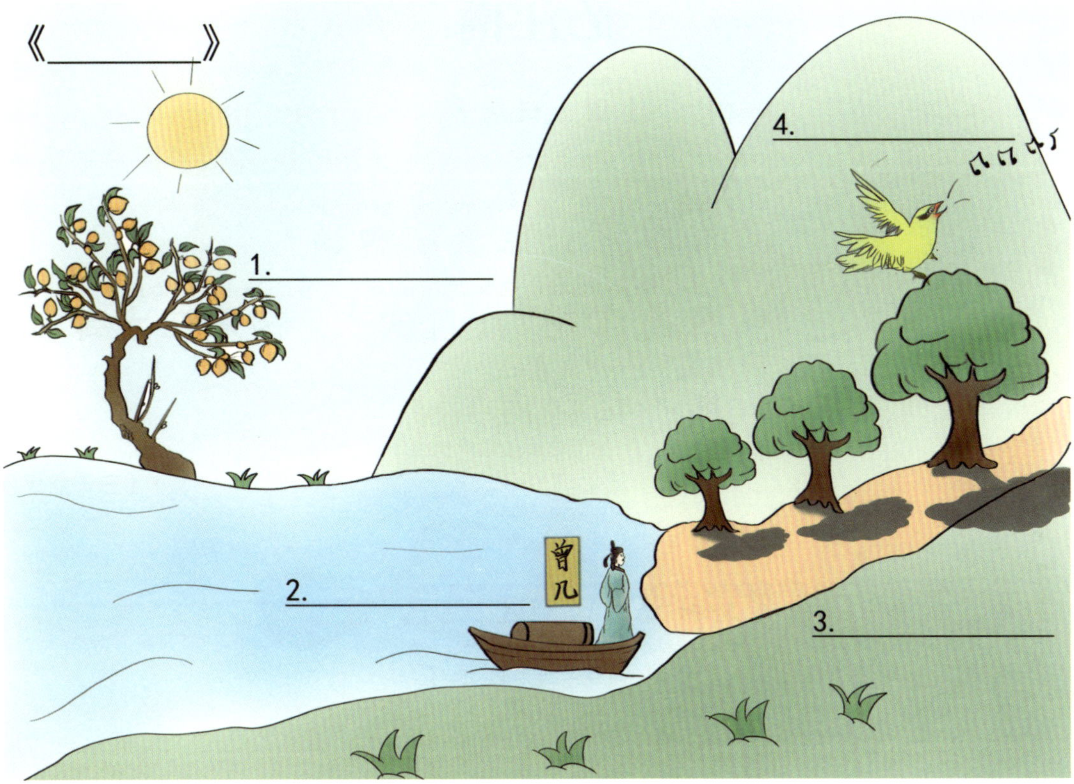

《_____》

1. _____
2. _____
3. _____
4. _____

【思维拓展】

请同学们发挥自己的想象,创造属于你的《三衢道中》情境图。

扫描二维码,听音频讲解。

忆江南

[唐] 白居易

江南好，风景旧曾谙①。
日出江花②红胜火③，春来江水绿如蓝。
能不忆江南？

（三年级下册第14页）

【注释】
① 谙：熟悉。作者年轻时曾三次到过江南。
② 江花：江边的花朵。一说指江中的浪花。
③ 红胜火：颜色鲜红胜过火焰。

【译文】江南的风景多么美好，如画的风景曾经是多么的熟悉。清晨日出的时候，江边盛开的花朵颜色鲜红胜过火焰，春天到来的时候碧绿的江水绿得胜过蓝草。怎么能叫人不怀念江南？

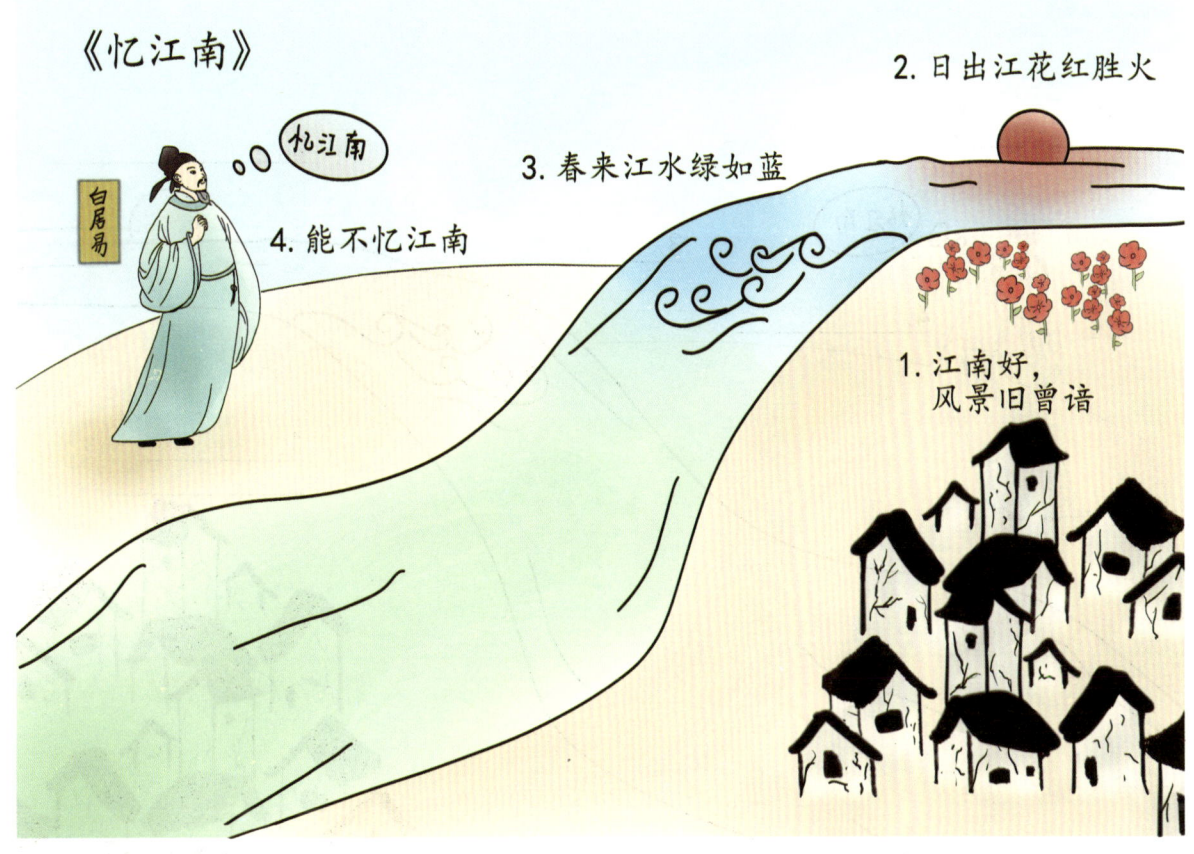

【图中故事】

"江南好,风景旧曾谙"江南的风景真好,我对江南美丽的风景曾经那么熟悉;"日出江花红胜火"当太阳升起的时候,江边盛开的花比火红;"春来江水绿如蓝,能不忆江南?"春天到来的时候,江里的水绿得胜过蓝草;眼前的景色让白居易感叹到:这江南的美景怎么能让人不怀念呢?

【看图写诗】

《_____》

白居易 忆江南

1. _____
2. _____
3. _____
4. _____

【思维拓展】

qīng tóng xué men fā huī zì jǐ de xiǎng xiàng chuàng zào shǔ yú nǐ de yì jiāng nán qíng jìng tú
请同学们发挥自己的想象，创造属于你的《忆江南》情境图。

扫描二维码，听音频讲解。

元日①

[宋] 王安石

爆竹②声中一岁除③,
春风送暖入屠苏④。
千门万户⑤曈曈⑥日,
总把新桃⑦换旧符。

（三年级下册第34页）

【注释】
① 元日：农历正月初一，即春节。
② 爆竹：古人烧竹子时使竹子爆裂发出响声，用来驱鬼避邪。
③ 除：逝去。
④ 屠苏：指屠苏酒，饮屠苏酒也是古代过年时的一种习俗，大年初一全家合饮这种用屠苏草浸泡的酒，以驱邪避瘟疫，求得长寿。
⑤ 千门万户：形容门户众多，人口稠密。
⑥ 曈曈：日出时光亮而温暖的样子。
⑦ 桃：桃符，古代一种风俗，农历正月初一时人们用桃木板写上神荼、郁垒两位神灵的名字，悬挂在门旁，用来压邪。也作春联。

【译文】爆竹声中旧的一年已经过去，迎着和暖的春风，大家开怀畅饮屠苏酒。初升的太阳照耀着千家万户，大家都把旧的桃符取下，换上新的桃符。

【图中故事】

"爆竹声中一岁除"在爆竹的声音中送走旧岁,迎来新年;"春风送暖入屠苏"迎着和暖的春风,人们畅饮屠苏酒;"千门万户曈曈日"太阳照耀着千家万户;"总把新桃换旧符"用新桃符替换下旧桃符。

【看图写诗】

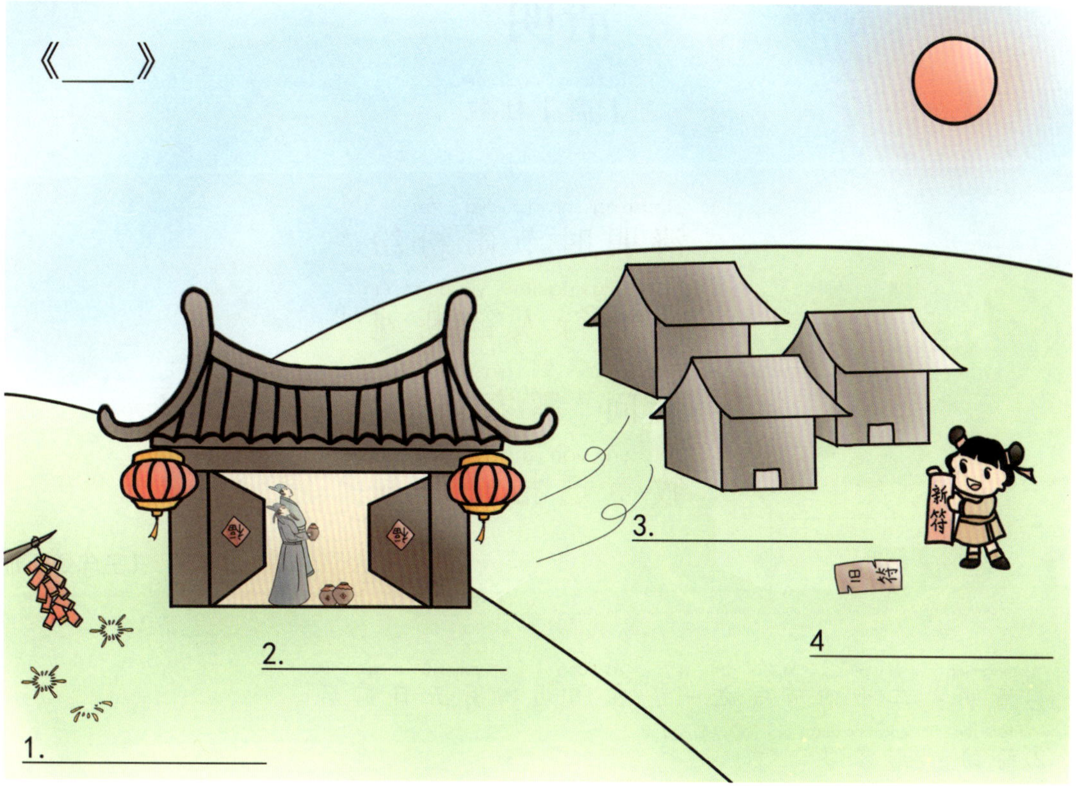

《___》

1. _____
2. _____
3. _____
4. _____

【思维拓展】

请同学们发挥自己的想象，创造属于你的《元日》情境图。

扫描二维码，听音频讲解。

清明①

[唐] 杜牧

清明时节雨纷纷②,

路上行人欲断魂③。

借问④酒家何处有?

牧童遥指杏花村⑤。

（三年级下册第34页）

【注释】
① 清明：二十四节气之一，在阳历四月五日前后。
② 纷纷：形容多。
③ 断魂：神情凄迷，烦闷不乐。
④ 借问：请问。
⑤ 杏花村：杏花深处的村庄。

【译文】清明时节细雨纷纷飘洒，路上的行人各个思念亲人，烦闷不乐。询问牧童哪里有买酒的地方，牧童指了指杏花深处的村庄。

【图中故事】

"清明时节雨纷纷"清明节的时候雨下个不停;"路上行人欲断魂"路上的行人思念亲人闷闷不乐;"借问酒家何处有"行人问牧童哪里有买酒的地方;"牧童遥指杏花村"牧童指了指远处的杏花村。

【看图写诗】

1. ＿＿＿＿＿＿
2. ＿＿＿＿＿＿
3. ＿＿＿＿＿＿
4. ＿＿＿＿＿＿

《＿＿》

【思维拓展】

qǐng tóng xué men fā huī zì jǐ de xiǎng xiàng chuàng zào shǔ yú nǐ de qīng míng qíng jìng tú
请同学们发挥自己的想象，创造属于你的《清明》情境图。

扫描二维码，听音频讲解。

九月九日①忆②山东兄弟

[唐] 王维

独在异乡③为异客，
每逢佳节④倍思亲。
遥知兄弟登高⑤处，
遍插茱萸⑥少一人。

（三年级下册第35页）

【注释】① 九月九日：即重阳节。古以九为阳数，故曰重阳。
② 忆：想念。
③ 异乡：他乡、外乡。
④ 佳节：美好的节日。
⑤ 登高：古有重阳节登高的风俗。
⑥ 茱萸：一种香草，即草决明。古时人们认为重阳节插戴茱萸可以避灾克邪。

【译文】一个人独自在他乡作客，每每遇见节日就会加倍思念远方的亲人。想到家乡的兄弟们今日身上插着茱萸登高望远，独独少了我。

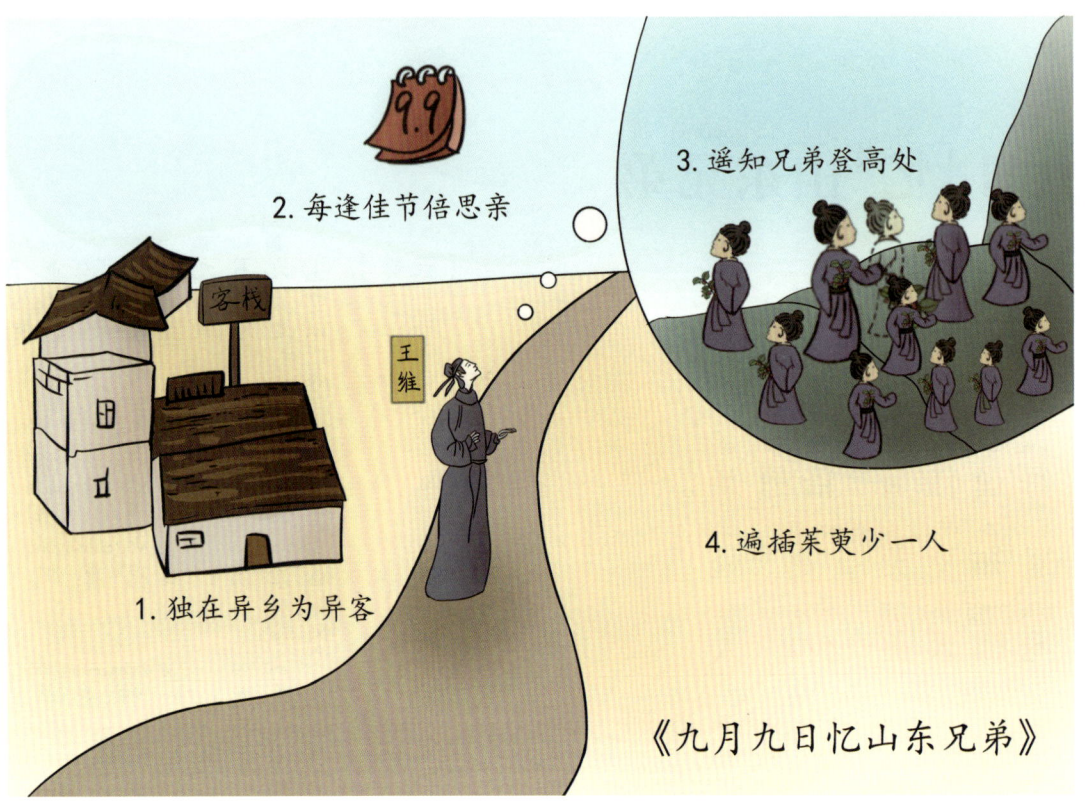

【图中故事】

"独在异乡为异客"王维独自一人在他乡作客;"每逢佳节倍思亲"每次遇见节日就会加倍思念自己的家人;"遥知兄弟登高处"想到家中的兄弟正在登高望远;"遍插茱萸少一人"他们身上都插着茱萸,独独少了我一个人。图中用画成虚线的人表示少一人。

【看图写诗】

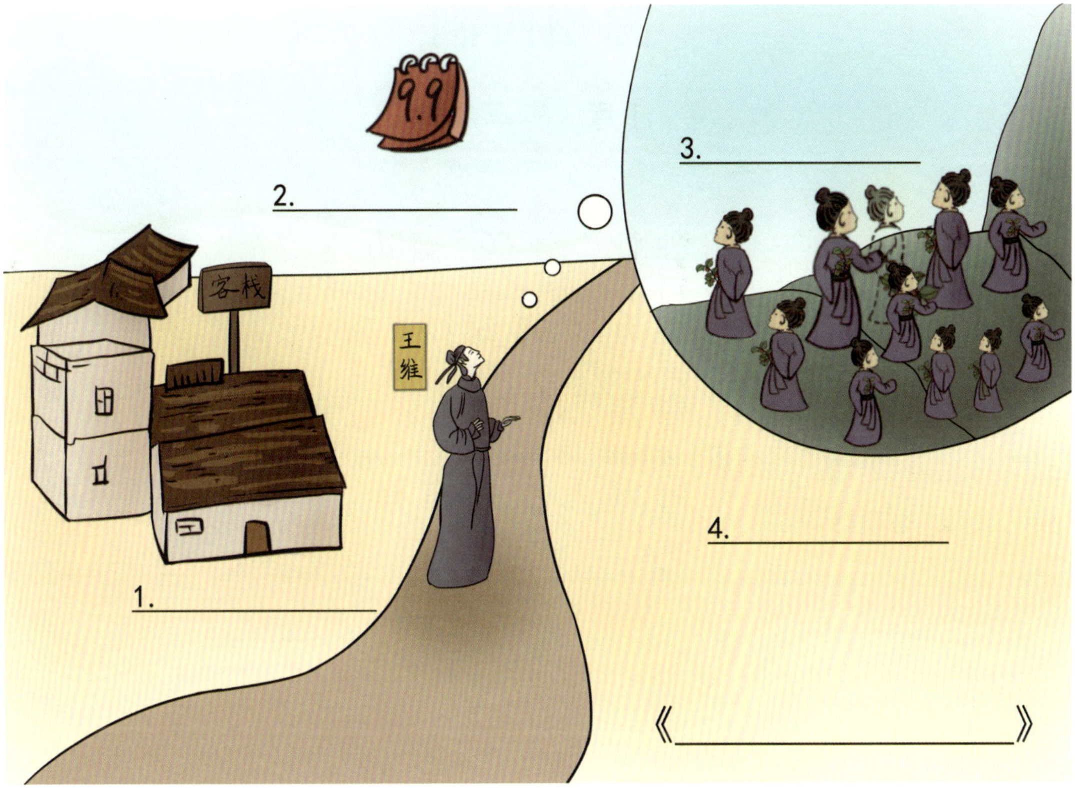

1. _____
2. _____
3. _____
4. _____

《_____》

【思维拓展】

请同学们发挥自己的想象,创造属于你的《九月九日忆山东兄弟》情境图。

扫描二维码,听音频讲解。

滁州西涧

[唐] 韦应物

独怜①幽草②涧边生，
上有黄鹂深树③鸣。
春潮④带雨晚来急，
野渡无人舟自横。

（三年级下册第58页）

【注释】①独怜：唯独喜欢。
②幽草：幽谷里的小草。
③深树：枝叶茂密的树。
④春潮：春天的潮汐。

【译文】唯独喜欢涧边幽谷里生长的野草，枝叶茂密的树上有婉转啼鸣的黄鹂。傍晚时分，春潮上涨，春雨淅沥，水势湍急，荒野渡口无人，只有一只小船悠闲地横在水面。

【图中故事】

"独怜幽草涧边生"韦应物看着涧边长的野草表示喜爱之情,图中用爱心表示喜爱;"上有黄鹂深树鸣"黄鹂在枝叶茂密的树上鸣唱;"春潮带雨晚来急"傍晚时分,春潮上涨,下雨淅淅沥沥,水势湍急;"野渡无人舟自横"空荡的渡口只有一条小船横在水面。

【看图写诗】

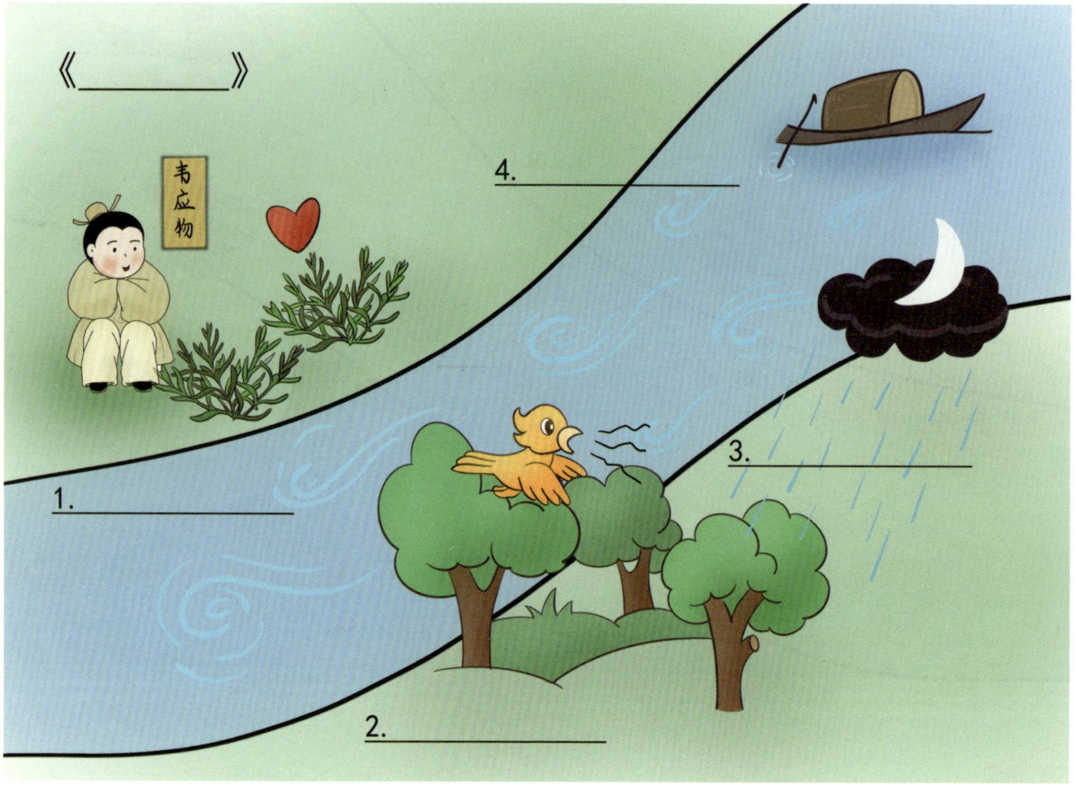

《_____》

1. _____
2. _____
3. _____
4. _____

【思维拓展】

请同学们发挥自己的想象,创造属于你的《滁州西涧》情境图。

扫描二维码,听音频讲解。

大林寺①桃花

[唐]白居易

人间②四月芳菲③尽④,
山寺桃花始盛开。
长恨春归无觅处,
不知转入此中来。

（三年级下册第115页）

【注释】①大林寺：在庐山香炉峰，相传为晋代僧人昙诜所建，是庐山三大名寺之一，为中国佛教圣地之一。
②人间：这里指村落。
③芳菲：泛指春天里的各种花。
④尽：没有了，这里指花朵凋谢。

【译文】四月里山下平地村落中的百花已经凋零，高山古寺中的桃花才刚刚盛开。我常为春光逝去无处寻觅而怅恨，却不知它已经转到这里来了。

【图中故事】

"人间四月芳菲尽"四月里,村子里繁花落尽;"山寺桃花始盛开"大林寺的桃花开始盛开了;"长恨春归无觅处"白居易感叹春光逝去无处寻觅;"不知转入此中来"图中用盘山道路表示不知不觉来到了这里。

【看图写诗】

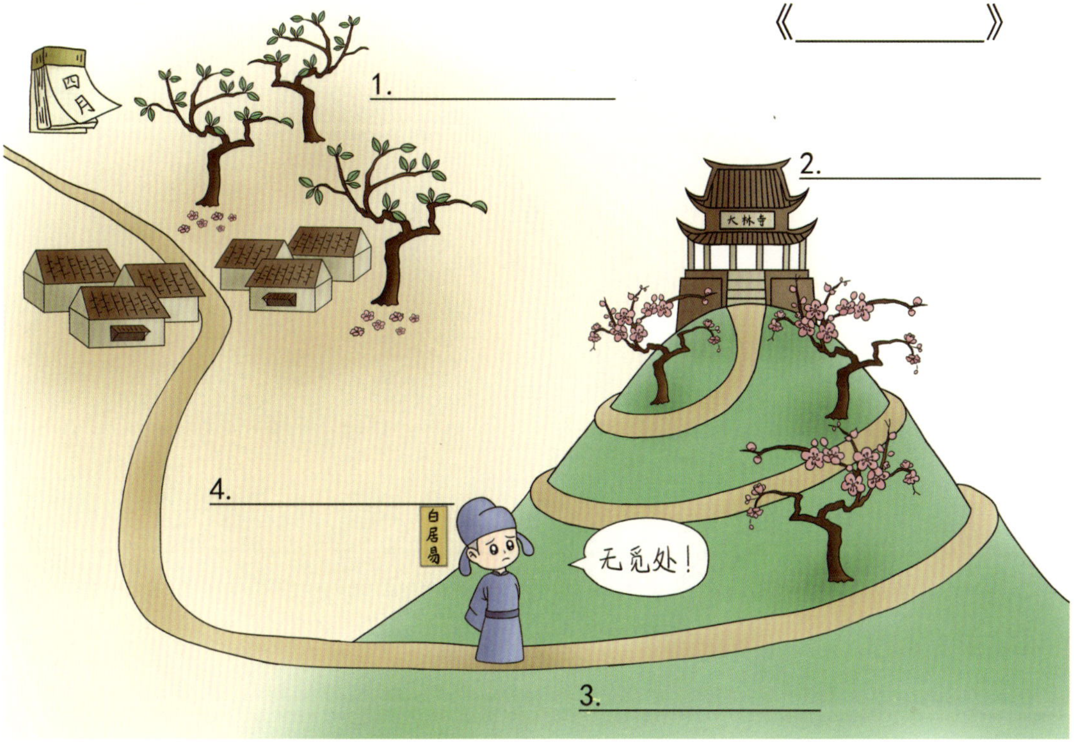

《_____》

1. _____
2. _____
3. _____
4. _____

【思维拓展】

请同学们发挥自己的想象,创造属于你的《大林寺桃花》情境图。

扫描二维码,听音频讲解。

三年级 ·143·

小学版
下册·4-6年级

身临其境
背古诗

……刘大炜 吴林林 林志桐 主编……

新华出版社

目录 Contents

四年级

浪淘沙（其七）／ 146

鹿柴 ／ 149

暮江吟 ／ 152

题西林壁 ／ 155

雪梅 ／ 158

嫦娥 ／ 161

出塞 ／ 164

凉州词 ／ 167

夏日绝句 ／ 170

别董大 ／ 173

四时田园杂兴（其二十五）／ 176

宿新市徐公店 ／ 179

清平乐·村居 ／ 182

卜算子·咏梅 ／ 185

江畔独步寻花 ／ 188

蜂 ／ 191

独坐敬亭山 ／ 194

芙蓉楼送辛渐 ／ 197

塞下曲 ／ 200

墨梅 ／ 203

五年级

蝉 ／ 208

目录 Contents

乞巧 / 211

示儿 / 214

题临安邸 / 217

己亥杂诗 / 220

山居秋暝 / 223

枫桥夜泊 / 226

长相思 / 229

渔歌子 / 232

观书有感（其一）/ 235

观书有感（其二）/ 238

四时田园杂兴（其三十一）/ 241

稚子弄冰 / 244

村晚 / 247

游子吟 / 250

鸟鸣涧 / 253

从军行 / 256

秋夜将晓出篱门迎凉有感 / 259

闻官军收河南河北 / 262

凉州词 / 265

黄鹤楼送孟浩然之广陵 / 268

乡村四月 / 271

六年级

宿建德江 / 276

六月二十七日望湖楼醉书 / 279

目录 Contents

西江月·夜行黄沙道中 / 282

过故人庄 / 285

七律·长征 / 288

春日 / 291

回乡偶书 / 294

浪淘沙（其一）/ 297

江南春 / 300

书湖阴先生壁 / 303

寒食 / 306

迢迢牵牛星 / 309

十五夜望月 / 312

长歌行 / 315

马诗 / 318

石灰吟 / 321

竹石 / 324

采薇（节选）/ 327

送元二使安西 / 330

春夜喜雨 / 333

早春呈水部张十八员外 / 336

江上渔者 / 339

泊船瓜洲 / 342

游园不值 / 345

卜算子·送鲍浩然之浙东 / 348

浣溪沙 / 351

清平乐 / 354

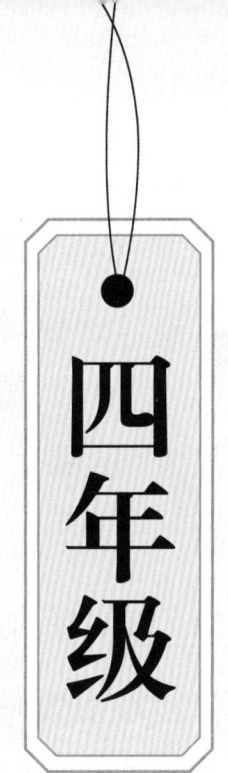

浪淘沙（其七）

[唐]刘禹锡(yǔ xī)

八月涛(tāo)①声吼地来，

头高数丈(zhàng)触山回。

须臾(yú)②却入海门去，

卷起沙堆似雪堆。

（四年级上册第4页）

【注释】①八月涛：浙江省钱塘江潮，每年农历八月十八潮水最大，潮头壁立，汹涌澎湃，犹如万马奔腾，蔚为壮观。
②须臾：很短的时间，片刻。

【译文】八月的涛声对着地面怒吼而来，数丈高的浪头冲向岸边的山石又被撞回。片刻之间便退向江海汇合之处回归大海，它所卷起的沙堆在阳光照耀下像洁白的雪堆。

【图中故事】

"八月涛声吼地来"八月的涛声音大得就像在对着地面嘶吼;"头高数丈触山回"海浪拍打在山上弹起非常高的浪花;"须臾却入海门去"不一会儿就跑到了入海口那边;"卷起沙堆似雪堆"把沙子卷成像雪堆一样的形状。

【看图写诗】

《_____》

1. _____
2. _____
3. _____
4. _____

【思维拓展】

请同学们发挥自己的想象，创造属于你的《浪淘沙（其七）》情境图。

扫描二维码，听音频讲解。

鹿柴①

[唐] 王维(wéi)

空山不见人，

但②闻人语响。

返景(fǎn)③入深林，

复④照青苔(tái)上。

(四年级上册第14页)

【注释】①柴：通"寨""砦"，用树木围成的栅栏。

②但：只。

③返景：太阳将落时通过云彩反射的阳光。

④复：又。

【译文】幽静的山谷里看不见人，只听到人说话的声音。太阳将落时通过云彩反射的阳光映入了深林，又照在幽暗处的青苔上。

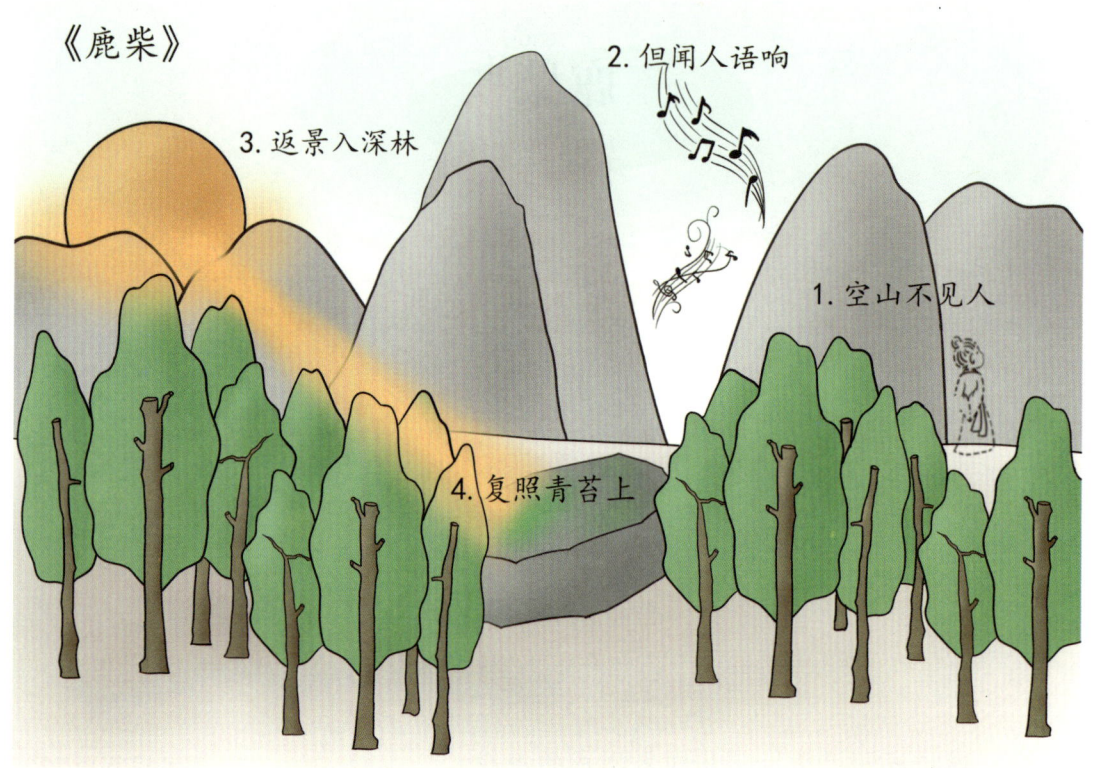

【图中故事】

"空山不见人"王维走在空荡荡的山里,看不见一个人;"但闻人语响"但是可以听见人讲话的声音;"返景入深林"落日的余晖照进了深林;"复照青苔上"又照到了幽暗处的青苔上。

【看图写诗】

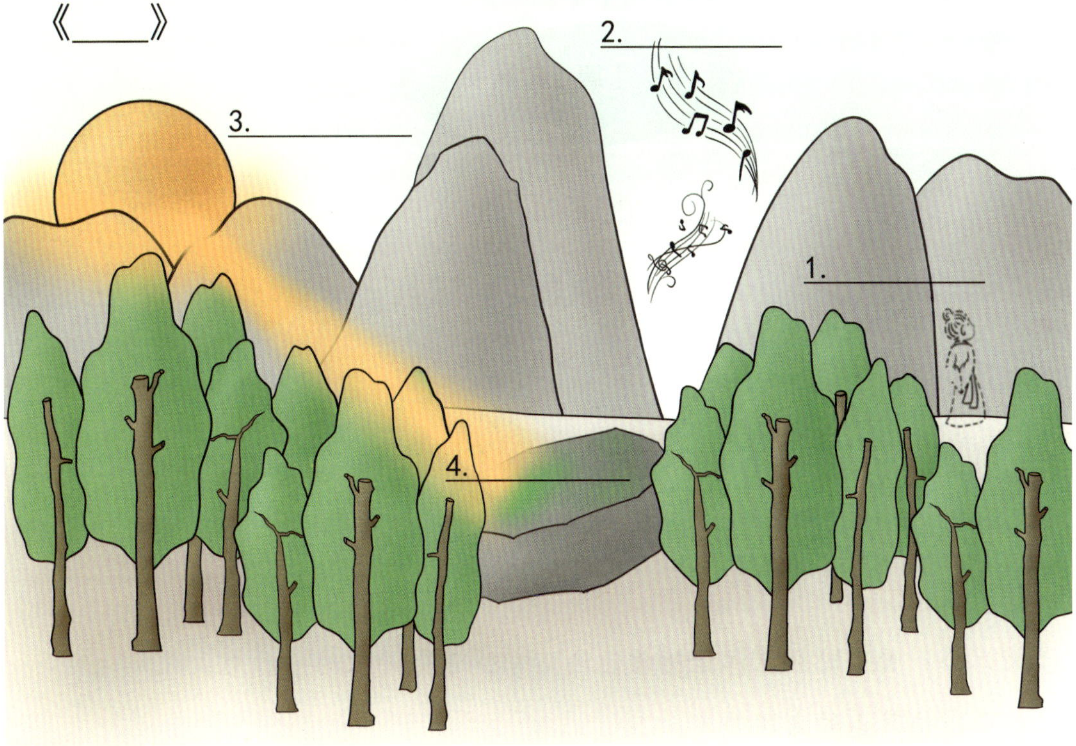

《____》

1. ____
2. ____
3. ____
4. ____

【思维拓展】

请同学们发挥自己的想象,创造属于你的《鹿柴》情境图。

扫描二维码,听音频讲解。

暮江吟^①

[唐] 白居易

一道残阳^②铺水中,

半江瑟瑟^③半江红。

可怜^④九月初三夜,

露似真珠月似弓。

(四年级上册第34页)

【注释】①暮江吟:黄昏时分在江边所作的诗。吟,古代诗歌的一种形式。

②残阳:快落山的太阳的光。

③瑟瑟:原意为碧色珍宝,此处指碧绿色。

④可怜:可爱。

【译文】太阳的余晖铺在水面上,江水一半呈现出深深的碧绿色,一半呈现出红色。最可爱的是那九月初三的夜晚,露珠似颗颗珍珠,升起的新月形如弯弓。

【图中故事】

"一道残阳铺水中"落日余晖洒在水面上,图中用半个太阳表示残阳;"半江瑟瑟半江红"一半江水是碧绿色,一半江水是被落日染成的红色;"可怜九月初三夜"白居易最可爱那九月初三的夜晚,图中用深色背景表示夜晚;"露似真珠月似弓"露珠像珍珠、月亮像弯弓。

【看图写诗】

《＿＿＿》

1.＿＿＿＿＿＿＿＿＿

2.＿＿＿＿＿＿＿＿＿

3.＿＿＿＿＿＿＿

4.＿＿＿＿＿＿＿＿＿

【思维拓展】

请同学们发挥自己的想象,创造属于你的《暮江吟》情境图。

扫描二维码,听音频讲解。

题西林壁

[宋]苏轼(shì)

横看①成岭侧②成峰,

远近高低各不同③。

不识④庐山真面目⑤,

只缘(yuán)身在此山中。

（四年级上册第34页）

【注释】①横看：从正面看。庐山是南北走向，横看就是从东面或西面看。

②侧：侧面。

③各不同：各不相同。

④不识：不能认识、辨别。

⑤真面目：指庐山真实的景色，形状。

【译文】从正面、侧面看庐山，山岭连绵起伏、山峰耸立，从远处、近处、高处、低处看庐山都呈现出不同的样子。辨不清庐山真正的面目，是因为我身处在庐山之中。

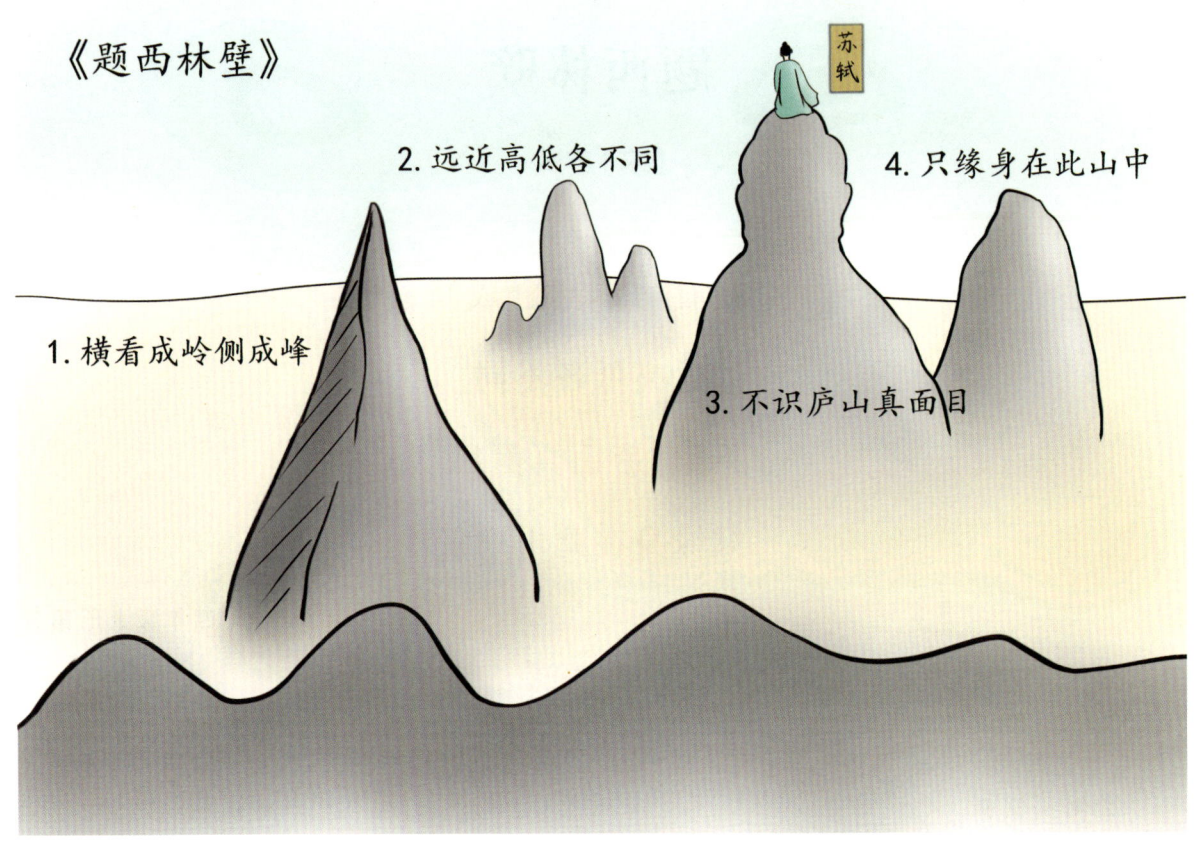

【图中故事】

　　"横看成岭侧成峰"苏轼从正面看,庐山山岭起伏,从侧面看,庐山山峰高耸;"远近高低各不同"在不同的远近和高度看也不同;"不识庐山真面目"他没看清庐山的真正面貌;"只缘身在此山中"只因为诗人本来就在这庐山之中。

【看图写诗】

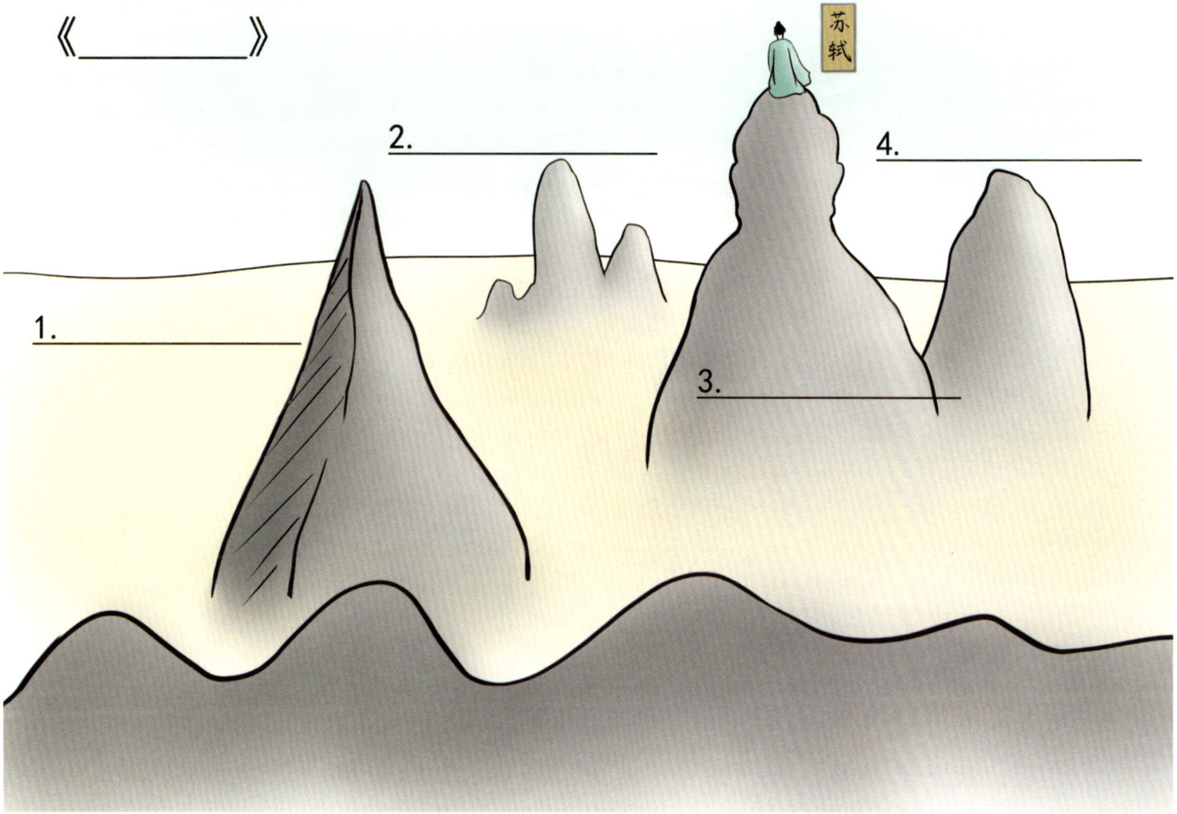

《_____》

1. _____
2. _____
3. _____
4. _____

【思维拓展】

请同学们发挥自己的想象，创造属于你的《题西林壁》情境图。

扫描二维码，听音频讲解。

雪梅

[宋]卢钺(lú yuè)

梅雪争春未肯降(xiáng)①,

骚(sāo)人②阁笔③费评章④。

梅须逊(xùn)雪三分白,

雪却输(shū)梅一段香。

（四年级上册第35页）

【注释】 ①降：服输。

②骚人：文中指诗人。

③阁笔：放下笔。阁，同"搁"，放下。

④评章：评议的文章，这里指评议梅与雪的高下。

【译文】 梅花和雪花都认为各自占尽了春色，谁也不肯服输。诗人放下笔，因为很难写评判梅与雪孰高孰低的文章。说句公道话，梅花须逊让雪花三分晶莹洁白，雪花却输给梅花一段清香。

【图中故事】

　　"梅雪争春未肯降"梅花和雪花都认为各自占尽了春色，都不肯认输；"骚人阁笔费评章"难坏了卢钺，他放下笔觉得很难作出评判；"梅须逊雪三分白"梅花说雪花更白；"雪却输梅一段香"雪花说梅花更香。

【看图写诗】

《___》

1. _____
2. _____
3. _____ 4. _____

你更白　你更香

卢钺

【思维拓展】

请同学们发挥自己的想象，创造属于你的《雪梅》情境图。

扫描二维码，听音频讲解。

嫦娥①

[唐] 李商隐

云母屏风②烛影深，

长河渐落晓星沉③。

嫦娥应悔偷灵药，

碧海青天夜夜心。

（四年级上册第58页）

【注释】①嫦娥：古代神话中的月中仙女。

②云母屏风：用云母做的屏风。此处是想表达嫦娥在月宫居室中独处，夜晚唯烛影和屏风相伴。

③长河渐落晓星沉：银河逐渐倾斜，晓星也将隐没，又一个孤独的夜过去了。

【译文】云母屏风上烛影暗淡，银河渐渐斜落，晨星也渐渐看不清了。嫦娥应该后悔偷取了长生不老之药，如今空对着碧海青天夜夜孤寂。

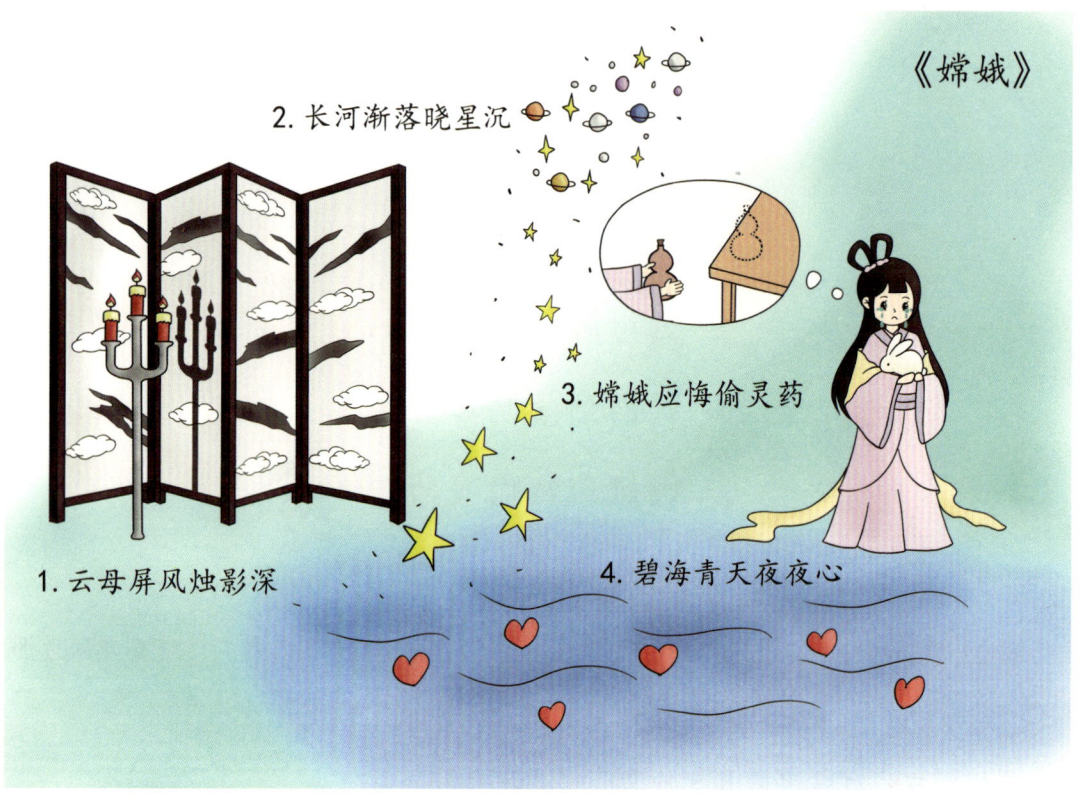

【图中故事】

"云母屏风烛影深"蜡烛的影子投在云母做的屏风上留下深深的影子;"长河渐落晓星沉"银河渐渐斜落,晨星也渐渐看不清了;"嫦娥应悔偷灵药"嫦娥回想起偷灵药的事情就会流下后悔的眼泪;"碧海青天夜夜心"图中背景为碧蓝色的海和青色的天空,以及许多心形来表示,如今空对着碧海青天夜夜孤寂。

【看图写诗】

《____》

1. ____
2. ____
3. ____
4. ____

【思维拓展】

请同学们发挥自己的想象,创造属于你的《嫦娥》情境图。

扫描二维码,听音频讲解。

出塞

[唐] 王昌龄

秦时明月汉时关，

万里长征人未还。

但使①龙城飞将在，

不教②胡马③度④阴山。

（四年级上册第94页）

【注释】①但使：只要。

②不教：不叫，不让。教，让。

③胡马：指侵扰内地的外族骑兵。

④度：越过。

【译文】依旧是从秦汉时期延续至今的明月和边关，征战万里，守边御敌的将士至今没有归来。只要还有像汉朝李广那样的将军镇守边关，就绝不许外敌南下越过阴山半步。

【图中故事】

"秦时明月汉时关"城关上面有一轮秦朝的明月;"万里长征人未还"征途路上的人都没有回来,图中用墓碑表示人未还;"但使龙城飞将在"画有龙头的城墙旁边站着长有翅膀的飞将;"不教胡马度阴山"阴山旁边延绵的城墙是为了阻挡骑着马的匈奴士兵。

【看图写诗】

《＿＿》

1.＿＿＿＿＿＿＿
2.＿＿＿＿＿＿＿
3.＿＿＿＿＿＿＿
4.＿＿＿＿＿＿＿

【思维拓展】

请同学们发挥自己的想象，创造属于你的《出塞》情境图。

扫描二维码，听音频讲解。

凉州词

[唐]王翰(hàn)

葡萄美酒夜光杯①,

欲②饮琵琶(pí pá)③马上催④。

醉卧沙场君莫笑,

古来征战几人回?

(四年级上册第94页)

【注释】①夜光杯:用玉制成的酒杯,这里指华贵而精美的酒杯。
②欲:将要。
③琵琶:这里指作战时用来发出号角的声音时用的。
④催:催人出征,也有人解作鸣奏助兴。

【译文】新酿成的葡萄美酒,盛满夜光杯;正要举杯痛饮,却听到马上弹起琵琶的声音在催人出发了。如果醉倒在战场上,请你不要笑话。自古以来外出征战打仗的能有几人活着返回家乡?

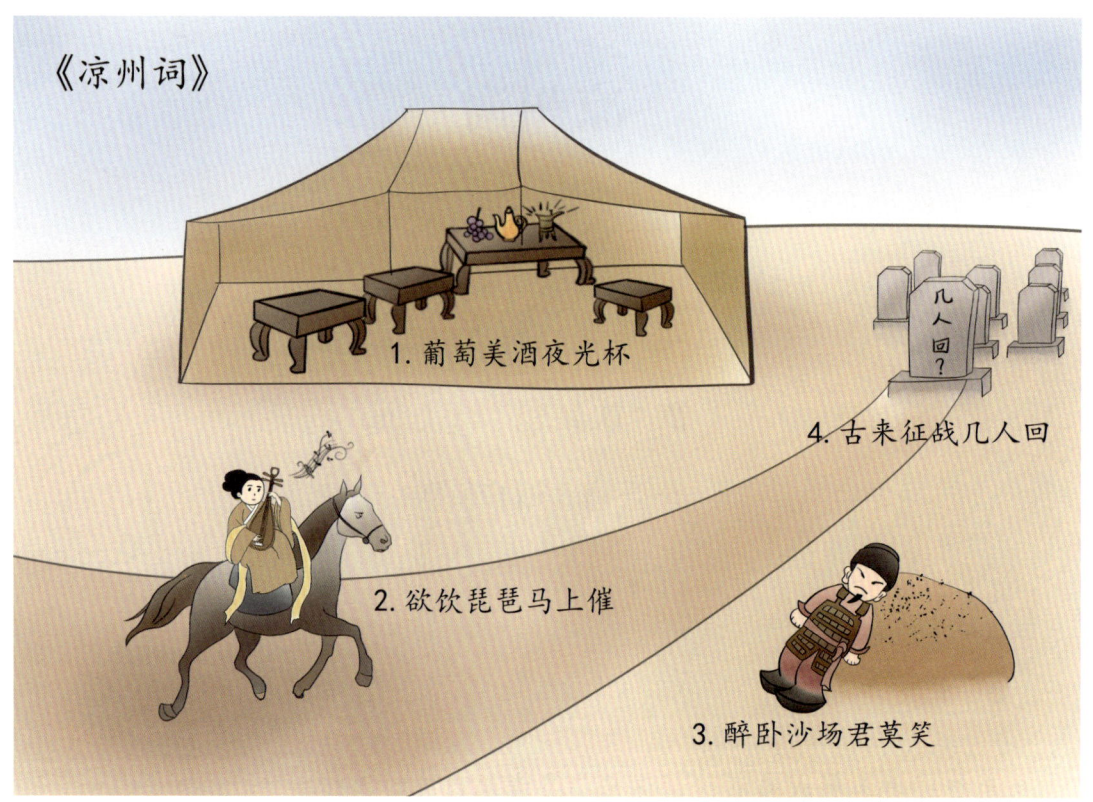

【图中故事】

"葡萄美酒夜光杯"营帐里新酿的葡萄酒盛满了夜光杯;"欲饮琵琶马上催"正准备还喝点酒,马上的琵琶声催得急切;"醉卧沙场君莫笑"我要是在沙场上醉倒了,你们不要笑我啊;"古来征战几人回"自古男儿出战有几个人能活着回来呢?图中用墓碑表示没几人回。

【看图写诗】

《_____》

1. _____
2. _____
3. _____
4. _____

【思维拓展】

请同学们发挥自己的想象,创造属于你的《凉州词》情境图。

扫描二维码,听音频讲解。

夏日绝句

[宋]李清照

生当作人杰^①，

死亦为鬼雄^②。

至今思项羽^③，

不肯过江东^④。

（四年级上册第95页）

【注释】①人杰：人中的豪杰。汉高祖曾称赞开国功臣张良、萧何、韩信是"人杰"。
②鬼雄：鬼中的英雄。
③项羽：秦末时自立为西楚霸王，与刘邦争夺天下，在垓下之战中，兵败自杀。
④江东：项羽当初随叔父项梁起兵的地方。

【译文】活着就要当人中的俊杰，死了也要做鬼中的英雄。人们到现在还思念项羽，只因他不肯偷生回到江东。

【图中故事】

"生当作人杰"在活着的时候是人中豪杰;"死亦为鬼雄"就算是死了也是鬼魂中的豪杰;"至今思项羽"诗人李清照感叹,人们至今仍常常回想起项羽的事迹;"不肯过江东"因为他不会为了苟活而渡过乌江,退回江东。

【看图写诗】

《____》

1. ____
2. ____
3. ____
4. ____

【思维拓展】

请同学们发挥自己的想象,创造属于你的《夏日绝句》情境图。

扫描二维码,听音频讲解。

别董大①

[唐] 高适

千里黄云白日曛[xūn]②,

北风吹雁雪纷纷。

莫愁前路无知己,

天下谁人③不识君④?

（四年级上册第108页）

【注释】①董大：指董庭兰，是当时有名的音乐家。在其兄弟中排行第一，故称"董大"。
②黄云：天上的乌云，在阳光下，乌云是暗黄色，所以叫黄云。曛：昏暗。白日曛，即太阳暗淡无光。
③谁人：哪个人。
④君：你，这里指董大。

【译文】黄云千里，落日暗黄，呼啸的北风刚刚送走了雁群，又带来了纷纷扬扬的大雪。不要担心前路茫茫没有知己，普天之下还有谁不认识你呢？

【图中故事】

"千里黄云白日曛"遥远的天上有暗黄色的乌云,太阳光也很暗淡,颜色接近白色;"北风吹雁雪纷纷"北风吹走了雁群,下起了纷纷扬扬的大雪;"莫愁前路无知己"高适对董大说:你不要担心前路茫茫没有知己;"天下谁人不识君"天底下谁不认识你呢?

【看图写诗】

《_____》

1. _____
2. _____
3. _____
4. _____

【思维拓展】

请同学们发挥自己的想象,创造属于你的《别董大》情境图。

扫描二维码,听音频讲解。

四时田园杂兴^①（其二十五）

[宋] 范成大

梅子金黄杏子肥，

麦花雪白菜花稀。

日长篱落^②无人过，

惟有蜻蜓蛱蝶飞。

（四年级下册第2页）

【注释】①杂兴：随兴写来，没有固定题材的诗篇。

②篱落：篱笆。

【译文】金黄的梅子挂满枝头，杏子也变得肥硕，田里露出雪白的荞麦花，油菜花差不多落尽。白天变长了，篱笆的影子随着太阳的升高变得越来越短，没有人经过，只有蜻蜓和蝴蝶绕着篱笆飞。

【图中故事】

"梅子金黄杏子肥"树上长满了金黄色的梅子和肥硕的杏子;"麦花雪白菜花稀"雪白的荞麦花,很稀疏的菜花;"日长篱落无人过"太阳照射篱笆落下影子,旁边都没人经过,图中用稻草人表示没人;"惟有蜻蜓蛱蝶飞"只有蜻蜓和蝴蝶在菜地上飞。

【看图写诗】

《_____》
1. _____
2. _____
3. _____
4. _____

【思维拓展】

请同学们发挥自己的想象,创造属于你的《四时田园杂兴(其二十五)》情境图。

扫描二维码,听音频讲解。

宿新市徐公店

[宋] 杨万里

篱落①疏疏②一径③深,

树头新绿未成阴④。

儿童急走追黄蝶,

飞入菜花无处寻。

（四年级下册第2页）

【注释】 ①篱落：篱笆。

②疏疏：稀疏。

③径：小路。

④阴：树叶茂盛浓密而形成的树荫。

【译文】 稀稀落落的篱笆旁，一条小路通向远方，路旁树上的新叶刚刚长出还未形成树荫。小孩子奔跑着追赶黄蝴蝶，可是蝴蝶飞入菜花丛中就再也找不到了。

【图中故事】

"篱落疏疏一径深"篱笆很稀疏,一条小路很深很长;"树头新绿未成阴"树的枝头上绿芽很少,还没形成绿荫;"儿童急走追黄蝶"一个儿童跑着追黄色的蝴蝶;"飞入菜花无处寻"蝴蝶飞到菜花地里之后就找不见了。

【看图写诗】

《_____》

1. _____
2. _____
3. _____
4. _____

【思维拓展】

请同学们发挥自己的想象,创造属于你的《宿新市徐公店》情境图。

扫描二维码,听音频讲解。

清平乐①·村居

[宋] 辛弃疾

茅檐②低小，溪上青青草。

醉里吴音相媚好，白发谁家翁媪（ǎo）？

大儿锄（chú）豆溪东，中儿正织鸡笼。

最喜小儿亡赖，溪头卧剥（bō）莲蓬。

（四年级下册第3页）

【注释】①清平乐：词牌名。
②茅檐：草屋的屋檐。

【译文】草屋的茅檐又低又小，溪边长满了翠绿的小草。含有醉意的吴地方言，听起来温柔又美好，那满头白发的是谁家的老人？大儿子在小溪东边的豆田锄草，二儿子正在编织鸡笼。最可爱的是顽皮的小儿子，他正横卧在溪头边，剥着刚摘下的莲蓬。

【图中故事】

"茅檐低小"茅草房又低又小;"溪上青青草"溪水上的青草绿油油的;"醉里吴音相媚好,白发谁家翁媪"喝醉的老人讲着吴地方言,那个白发的奶奶是谁家的老人呀;"大儿锄豆溪东"大儿子在溪东边锄豆子;"中儿正织鸡笼"二儿子在编鸡笼;"最喜小儿亡赖,溪头卧剥莲蓬"最可爱的是顽皮的小儿子,他正趴在溪边剥莲蓬。

【看图写诗】

《_____》

1. _____
2. _____
3. _____
   _____
4. _____
5. _____
6. _____

【思维拓展】

请同学们发挥自己的想象,创造属于你的《清平乐·村居》情境图。

扫描二维码,听音频讲解。

卜算子·咏梅

毛泽东

风雨送春归，飞雪迎春到。

已是悬崖百丈冰，犹有花枝俏[qiào]①。

俏也不争春，只把春来报。

待到山花烂[màn]漫时，她在丛中笑②。

（四年级下册第14页）

【注释】①俏：俊俏，美好的样子。此处既能表现梅花的俏丽，又能表现革命者面对困难坚强不屈的美好情操。

②丛中笑：百花盛开时，感到欣慰和高兴。

【译文】风雨把春天送走了，漫天飞雪又把春天迎来。悬崖已结百丈坚冰，但梅花依然傲雪俏丽竞放。梅花虽然美丽，但不与别的花朵争艳比美，只是把春天的消息来报。等到满山遍野开满鲜花之时，她在花丛中笑。

【图中故事】

"风雨送春归"风和雨把春天送走了;"飞雪迎春到"雪也来迎接春天;"已是悬崖百丈冰"悬崖结了很长的冰柱;"犹有花枝俏"有艳丽的花枝;"俏也不争春"即使她很俏丽也不和其他花朵争艳;"只把春来报"只为报送春天的到来,图中用挂在树上形似喇叭符号的风筝表示"报";"待到山花烂漫时,她在丛中笑"等到山花开得灿烂的时候,梅花在花丛中笑。

【看图写诗】

《_____》

1. _____
2. _____
3. _____
4. _____
5. _____
6. _____

【思维拓展】

请同学们发挥自己的想象,创造属于你的《卜算子·咏梅》情境图。

扫描二维码,听音频讲解。

江畔独步寻花

[唐] 杜甫

黄师塔①前江水东,

春光懒困②倚微风。

桃花一簇开无主③,

可爱④深红爱浅红?

(四年级下册第32页)

【注释】①黄师塔:和尚所葬之塔。

②懒困:疲倦困怠。

③无主:自生自灭,无人照管和玩赏。

④爱:一作"映",一作"与"。

【译文】黄师塔前的江水向东边流去,温暖的春天使人懒洋洋地发困,在和煦的春风中我缓步前行。一枝盛开的桃花自行开着,你喜欢深红还是浅红色的桃花?

【图中故事】

"黄师塔前江水东"图中左下角有一座塔,名为黄师塔,塔前面的江水自西向东流;"春光懒困倚微风"诗人晒着日光,仿佛倚靠着微风;"桃花一簇开无主"桃花开得非常旺盛但好像没有人看管;"可爱深红爱浅红"诗人看着深红和浅红的桃花不知道更喜欢哪个。

【看图写诗】

《_____》

1. _____
2. _____
3. _____
4. _____

【思维拓展】

请同学们发挥自己的想象,创造属于你的《江畔独步寻花》情境图。

扫描二维码,听音频讲解。

蜂

[唐]罗隐

不论平地与山尖①,

无限风光尽②被占③。

采得百花成蜜后,

为谁辛苦为谁甜④?

(四年级下册第62页)

【注释】 ①山尖:山峰。

②尽:都。

③占:占其所有。

④甜:醇香蜂蜜的味道。

【译文】 无论是在平地,还是在那山峰,哪里鲜花迎风盛开,哪里就有蜜蜂奔忙。蜜蜂采尽百花酿成了蜂蜜,到底为谁付出辛苦,又让谁品尝了香甜呢?

【图中故事】

"不论平地与山尖"不管是平地还是山峰都有很多蜜蜂,图中的平地和山峰都画满了蜜蜂;"无限风光尽被占"到处都是采花的蜜蜂;"采得百花成蜜后"采的花蜜会酿成蜂蜜,图中用蜂窝和流出的蜂蜜表示;"为谁辛苦为谁甜"是为谁这么辛苦,最后又是让谁吃到甜甜的蜂蜜?

【看图写诗】

《___》

1. _____
2. _____
3. _____
4. _____

【思维拓展】

请同学们发挥自己的想象,创造属于你的《蜂》情境图。

扫描二维码,听音频讲解。

独坐敬亭山①

[唐]李白

众鸟高飞尽②,

孤云独去闲③。

相看两不厌④,

只有敬亭山。

(四年级下册第100页)

【注释】①敬亭山:在今安徽省宣城市北。《元和郡县志》记载:"在宣城县北十里。山有万松亭、虎窥泉。"

②尽:没有了。

③独去闲:独去,独自去。闲,形容云彩飘来飘去,悠闲自在的样子。

④两不厌:两,指诗人和敬亭山而言。厌,满足。

【译文】群鸟高飞无影无踪,孤单的云彩独自悠闲地飘来飘去,互相看着都不觉得厌烦的,只有我和眼前的敬亭山了。

【图中故事】

"众鸟高飞尽"图中左上方有一群鸟往高处飞去,越来越远,直到看不见;"孤云独去闲"右边有一朵孤独的云独自离开;"相看两不厌"李白和敬亭山互相看着都很喜欢,不厌烦,图中用爱心表示;"只有敬亭山"李白的眼里只有敬亭山。

【看图写诗】

《_____》

1. _____
2. _____
3. _____
4. _____

敬亭山

李白

【思维拓展】

请同学们发挥自己的想象，创造属于你的《独坐敬亭山》情境图。

扫描二维码，听音频讲解。

芙蓉(fú róng)楼送辛渐

[唐] 王昌龄

寒雨①连江②夜入吴③,

平明④送客楚山孤。

洛(luò)阳亲友如相问,

一片冰心在玉壶。

（四年级下册第102页）

【注释】①寒雨：秋冬时节的冷雨。

②连江：雨水与江面连成一片，形容雨很大。

③吴：古代国名，这里泛指江苏省南部、浙江省北部一带。江苏省镇江一带为三国时吴国所属。

④平明：天亮的时候。

【译文】秋冬时节的冷雨连夜洒遍吴地江天；清晨送别辛渐，我对着楚山感到离愁的孤独。朋友啊，洛阳亲友若是问起我来，就说我的心依然像玉壶里的冰一样纯洁。

【图中故事】

"寒雨连江夜入吴"寒冷的雨水在晚上落入了吴地的江中;"平明送客楚山孤"天亮的时候,送走客人辛渐后,面对楚山我就显得很孤独了;"洛阳亲友如相问,一片冰心在玉壶"在洛阳的亲友如果问起来,你就说我依旧坚守初心。图中用画在白色冰壶里的心表示"一片冰心在玉壶。"

【看图写诗】

《_____》

1. _____
2. _____
3. _____
4. _____

【思维拓展】

请同学们发挥自己的想象,创造属于你的《芙蓉楼送辛渐》情境图。

扫描二维码,听音频讲解。

塞下曲①

[唐] 卢纶(lú lún)

月黑②雁飞高,

单于③(chán)夜遁(dùn)逃。

欲将④轻骑逐,

大雪满弓刀。

(四年级下册第102页)

【注释】①塞下曲:古时边塞的一种军歌。

②月黑:没有月光。

③单于:匈奴的首领。这里指入侵者的最高统帅。

④将:率领。

【译文】夜静月黑,大雁惊起,飞得很高,单于想要趁着夜色悄悄潜逃,正想要带领轻骑兵一路追赶,大雪纷纷扬扬刹那间落满了身上的弓和刀。

【图中故事】

"月黑雁飞高"月黑之夜,大雁惊起飞得很高;"单于夜遁逃"将军发现单于悄悄逃走;"欲将轻骑逐"军队正想骑马去追他;"大雪满弓刀"这个时候下起了大雪,覆盖了弓箭和大刀。

【看图写诗】

《_____》

1._____
2._____
3._____
4._____

【思维拓展】

请同学们发挥自己的想象,创造属于你的《塞下曲》情境图。

扫描二维码,听音频讲解。

墨梅①

[元] 王冕(miǎn)

我家②洗砚(yàn)池③头④树，

朵朵花开淡墨痕。

不要人夸好颜色，

只留清气满乾坤(qián kūn)。

（四年级下册第103页）

【注释】①墨梅：用墨笔勾勒出来的梅花。

②我家：因王羲之与王冕同姓，所以王冕便认为王姓自是一家。

③洗砚池：写字、画画后洗笔洗砚的池子。王羲之有"临池学书，池水尽黑"的传说。这里化用这个典故。

④头：边上，即池边。

【译文】我家洗砚池边有一棵梅树，盛开的朵朵梅花都显出淡淡的墨痕。不需要别人夸它的颜色好看，只需要它的清香之气弥漫在天地之间。

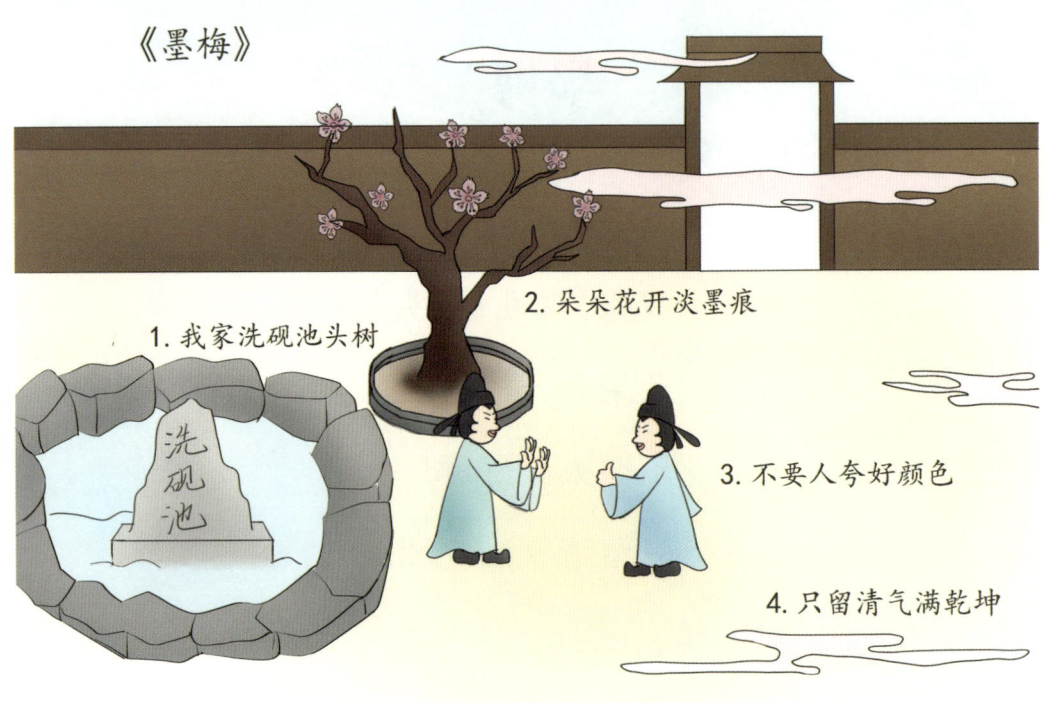

【图中故事】

"我家洗砚池头树"家里的洗砚池旁边有一棵梅花树;"朵朵花开淡墨痕"树上盛开的朵朵梅花都显现出淡淡的墨痕;"不要人夸好颜色"不需要别人夸它颜色好看;"只留清气满乾坤"梅花只想将清香洒满人间。图中用粉色的气雾表示清香味。

【看图写诗】

【思维拓展】

请同学们发挥自己的想象,创造属于你的《墨梅》情境图。

扫描二维码,听音频讲解。

蝉

[唐] 虞世南

垂緌①饮清露②,

流响③出疏④桐。

居高声自远,

非是藉⑤秋风。

(五年级上册第14页)

【注释】①垂緌:古人结在领下的帽缨下垂部分,蝉的头部伸出的触须形状与其有些相似。

②清露:纯净的露水。古人以为蝉是喝露水生活的,其实是刺吸植物的汁液。

③流响:指连续不断的蝉鸣声。

④疏:开阔,稀疏。

⑤藉:通"借",凭借。

【译文】蝉吸吮着纯净的露水,声音从挺拔疏朗的梧桐树枝间传出。蝉声远传是因为蝉居在高树上,而不是依靠秋风。

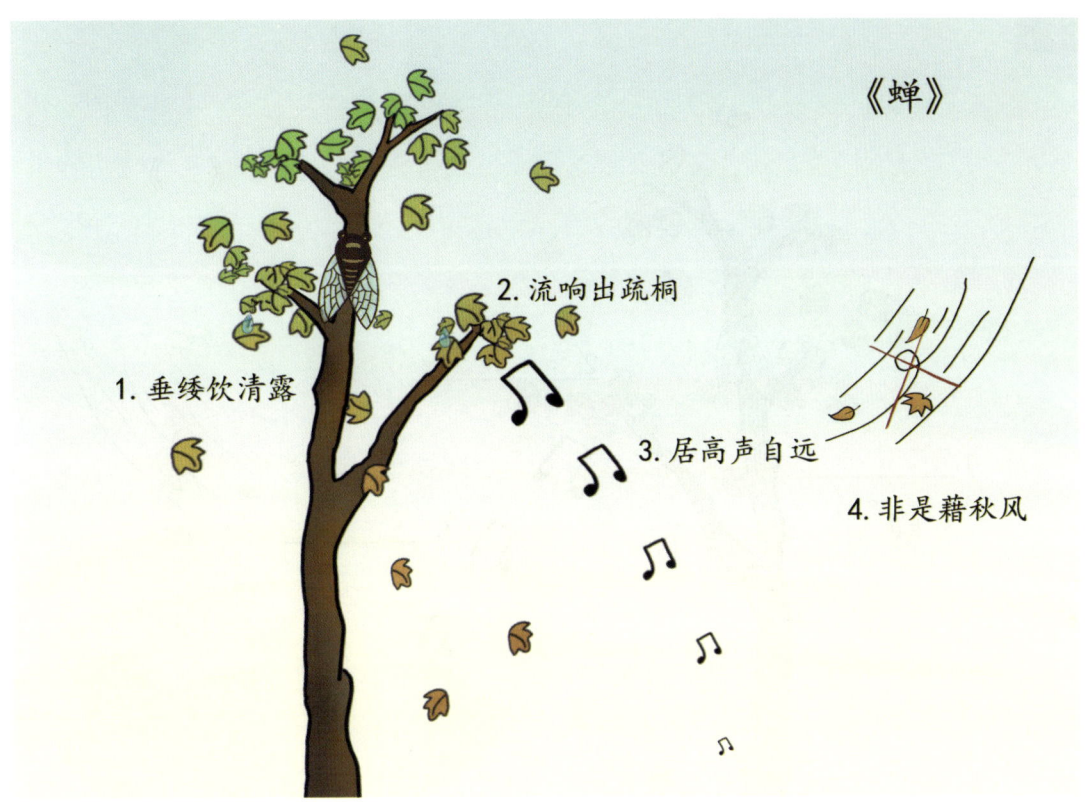

【图中故事】

"垂绥饮清露"图中的蝉在喝露水;"流响出疏桐"声音从梧桐树中传出;"居高声自远"蝉的位置很高,声音传播很远,图中用音乐符号表示声音;"非是藉秋风"最右边秋风上的红叉代表不是凭借秋风。

【看图写诗】

《___》

1. ___
2. ___
3. ___
4. ___

【思维拓展】

请同学们发挥自己的想象，创造属于你的《蝉》情境图。

扫描二维码，听音频讲解。

乞巧①

[唐] 林杰

七夕今宵看碧霄②,

牵牛织女渡河桥。

家家乞巧望秋月,

穿尽红丝几万条③。

（五年级上册第46页）

【注释】①乞巧：古代节日，在农历七月初七，又名七夕。

②碧霄：指浩瀚无际的青天。

③几万条：虚数，比喻非常多。

【译文】七夕晚上，人们纷纷抬头仰望浩瀚星空，就好像能看见牛郎织女渡过银河在鹊桥上相会。家家户户都在一边赏月，一边乞巧（对月穿针），穿过的红线都有几万条了。

【图中故事】

"七夕今宵看碧霄"七夕节的晚上人们都在抬头看天上的浩瀚无际的青天;"牵牛织女渡河桥"好像看到牛郎和织女渡过鹊桥相会;"家家乞巧望秋月"每家每户都一边望着秋月一边对月穿针;"穿尽红丝几万条"穿过的红线有好几万条。

【看图写诗】

《____》

1. _____

2. _____

3. _____

4. _____

【思维拓展】

请同学们发挥自己的想象,创造属于你的《乞巧》情境图。

扫描二维码,听音频讲解。

示儿

[宋]陆游

死去元知万事空①，

但②悲不见九州同。

王师北定③中原日，

家祭无忘告乃翁④。

（五年级上册第50页）

【注释】①万事空：什么也没有了。

②但：只是。

③北定：将北方平定。

④乃翁：你的父亲，这里指陆游自己。

【译文】死去之后就什么也没有了，只是为没能见到国家统一而感到悲伤。当大宋军队将北方平定，收复了中原失地的那一天时，你们举行家祭，一定不要忘了把这个好消息告诉我啊！

【图中故事】

"死去元知万事空"作者预想自己死去后什么都不知道了;"但悲不见九州同"只痛心看不到中原全部统一,图中分裂的地图代表还没有统一;"王师北定中原日"图中道路上的军队要北去平定中原;"家祭无忘告乃翁"在祭拜先祖的时候记得要告诉我这个好消息。

【看图写诗】

《＿＿＿》

【思维拓展】

请同学们发挥自己的想象，创造属于你的《示儿》情境图。

扫描二维码，听音频讲解。

题临安①邸(dǐ)

[宋] 林升

山外青山楼外楼,

西湖②歌舞几时休?

暖风熏③(xūn)得游人醉,

直把杭州作汴(biàn)州④。

(五年级上册第50页)

【注释】①临安:现在浙江省杭州市,金人攻陷北宋首都汴京后,南宋统治者逃亡到南方,建都于临安。
②西湖:杭州的著名风景区。
③熏:吹,用于温暖馥郁的风。
④汴州:即汴京,今河南省开封市。

【译文】远处青山重叠苍翠,近处楼台重重映入眼帘,西湖上的歌舞何时才会停止?仿佛暖风也带着奢靡的味道陶醉了享乐的贵人们,简直把临安杭州当作故都汴京!

【图中故事】

"山外青山楼外楼"山的外面还有青山,楼的外面还有别的楼;"西湖歌舞几时休?"西湖边有人在跳舞,图中用音乐符号表示"歌";"暖风熏得游人醉"暖洋洋的风可以把人吹得陶醉,图中用秋风表示"暖风";"直把杭州作汴州"他们简直把杭州当做了汴州。

【看图写诗】

《_____》

1. _____
2. _____
3. _____
4. _____

【思维拓展】

请同学们发挥自己的想象,创造属于你的《题临安邸》情境图。

扫描二维码,听音频讲解。

己亥(hài)诗

[清]龚自珍

九州①生气恃(shì)风雷,
万马齐喑(yīn)②究可哀。
我劝天公③重抖擞(sǒu)④,
不拘一格降⑤人材。

(五年级上册第51页)

【注释】①九州:中国的别称之一。
②万马齐喑:比喻社会政局毫无生气。喑:沉默,不说话。
③天公:造物主。
④抖擞:振作,奋发。
⑤降:降生,降临。

【译文】只有依靠风雷激荡般的巨大力量才能使中国大地焕发勃勃生机,然而社会政局毫无生气终究是一种悲哀。我奉劝上天要重新振作精神,不要再拘泥一定的规格以降下更多的人才。

【图中故事】

　　"九州生气恃风雷"图中用风和雷表示风雷般的巨大力量;"万马齐喑究可哀"有许多马沉默着没有声响,其中一匹马在哀叹比喻社会政局毫无生气;"我劝天公重抖擞"龚自珍希望天上的神仙重新振作精神;"不拘一格降人材"图中一个人从天上的通道中降下,表示不要再拘泥一定的规格以降下更多的人才。

【看图写诗】

《_____》

1. _____
2. _____
3. _____
4. _____

【思维拓展】

请同学们发挥自己的想象，创造属于你的《己亥杂诗》情境图。

扫描二维码，听音频讲解。

山居秋暝（míng）

[唐] 王维

空山①新雨后，天气晚来秋。

明月松间照，清泉石上流。

竹喧②归浣（huàn）女③，莲动下渔舟。

随意春芳歇，王孙④自可留。

（五年级上册第92页）

【注释】 ①空山：空旷，空寂的山野。

②竹喧：竹林中笑语喧哗。

③浣女：洗衣服的姑娘。浣：洗涤衣物。

④王孙：原指贵族子弟，后来也泛指隐居的人。

【译文】 新雨过后的山谷里空旷清新，初秋傍晚的天气特别凉爽。明月映照着幽静的松林，清澈的泉水在山石上淙淙流淌。竹林中的喧笑声是因为少女洗衣归来，莲叶轻摇是因为上游荡下轻舟。任凭春天的美景消歇，眼前的秋景足以令隐居的人流连。

【图中故事】

"空山新雨后,天气晚来秋"空旷的山谷新下了雨,初秋晚上的天气很清凉,图中用带有枫叶的风表示秋;"明月松间照,清泉石上流"明亮的月光照在松树间,清澈的泉水在石头上流淌;"竹喧归浣女,莲动下渔舟"竹林中传来一阵喧闹,知是洗衣的女子回来了。荷塘里莲叶摇动,应是渔船沿流下行;"随意春芳歇,王孙自可留"任凭春天的美景消歇,眼前的秋景足以令隐居的人流连,图中用春天残落的花瓣表示"春芳歇"。

【看图写诗】

《_____》

【思维拓展】

请同学们发挥自己的想象,创造属于你的《山居秋暝》情境图。

扫描二维码,听音频讲解。

枫桥夜泊

[唐] 张继

月落乌啼①霜满天,

江枫②渔火对愁眠③。

姑苏城外寒山寺④,

夜半钟声到客船。

（五年级上册第92页）

【注释】①乌啼：一说为乌鸦啼鸣，一说为乌啼镇。

②江枫：一般解释作"江边枫树"，江指吴淞江，源自太湖，流经上海，汇入长江，俗称苏州河。

③对愁眠：伴愁眠之意。

④寒山寺：在枫桥附近，始建于南朝梁代。在今苏州市西枫桥镇。本名"妙利普明塔院"，又名枫桥寺。

【译文】月亮已落下，乌鸦啼叫，寒气满天，江边枫树与船上渔火，难抵我独自傍愁而眠。姑苏城外那寒山古寺，半夜里敲响的钟声传到了我乘坐的客船。

【图中故事】

"月落乌啼霜满天"月亮落下,乌鸦啼叫,寒霜布满了天际;"江枫渔火对愁眠"张继对着枫桥和渔火,忧愁未眠;"姑苏城外寒山寺"姑苏城外面的寒山寺;"夜半钟声到客船"夜里敲响的钟声传到了张继的客船。

【看图写诗】

1. _____
2. _____
3. _____
4. _____

《_____》

【思维拓展】

请同学们发挥自己的想象,创造属于你的《枫桥夜泊》情境图。

扫描二维码,听音频讲解。

长相思

[清]纳兰性德

山一程，水一程①，身向榆(yú)关那畔(pàn)②行，夜深千帐③灯。

风一更(gēng)，雪一更，聒(guō)④碎乡心梦不成，故园无此声。

（五年级上册第93页）

【注释】①程：道路、路程。山一程，水一程，即山长水远。

②那畔：即山海关的另一边，指身处关外。

③帐：军营的帐篷。千帐：言军营之多。

④聒：声音嘈杂。这里指风雪声。

【译文】跋山涉水走过一程又一程，将士们马不停蹄地向着山海关进发。夜已经深了，许多军营的帐篷里都点着灯。帐篷外，风声不断，雪花不停，嘈杂的声音打碎了思乡的梦，想到远隔千里的家乡就没有这样的声音啊。

【图中故事】

"山一程,水一程"图中左上角用山和水来表示将士们走过的路程;"身向榆关那畔行"将士们身向山海关前进;"夜深千帐灯"夜深的时候许多营帐的灯都亮了;"风一更,雪一更"营帐外面风声不断,雪花不住;"聒碎乡心梦不成"想睡觉但被风雪声吵醒了;"故园无此声"图中用安静的房子表示故乡没有聒噪的声音。

【看图写诗】

1. _____
2. _____
3. _____
4. _____
5. _____
6. 《_____》

【思维拓展】

请同学们发挥自己的想象，创造属于你的《长相思》情境图。

扫描二维码，听音频讲解。

渔歌子

[唐] 张志和

西塞山前白鹭①飞,

桃花流水②鳜(guì)鱼肥。

青箬(ruò)笠(lì)③,绿蓑(suō)衣④,

斜风细雨不须⑤归。

（五年级上册第104页）

【注释】①白鹭：一种白色的水鸟。

②桃花流水：桃花盛开的季节正是春水盛涨的时候，俗称桃花汛或桃花水。

③箬笠：竹叶或竹篾做的斗笠。

④蓑衣：用草或棕编制成的雨衣。

⑤不须：不一定要。

【译文】西塞山前的白鹭在自由地翱翔，江岸桃花盛开，春水盛涨，肥美的鳜鱼欢快地游来游去。渔翁头戴青色斗笠，身披绿色蓑衣，冒着斜风细雨，悠然自得地垂钓，用不着回家。

【图中故事】

"西塞山前白鹭飞"西塞山前有几只白鹭在飞行;"桃花流水鳜鱼肥"江岸桃花盛开,春水盛涨,水中肥大的鳜鱼正在游泳;"青箬笠,绿蓑衣"渔翁戴着青色的箬笠披着绿色的蓑衣;"斜风细雨不须归"即便刮风下雨也不需要回去。

【看图写诗】

《＿＿＿》

不须归！

1.＿＿＿
2.＿＿＿
3.＿＿＿
4.＿＿＿

【思维拓展】

请同学们发挥自己的想象，创造属于你的《渔歌子》情境图。

扫描二维码，听音频讲解。

观书有感（其一）

[宋] 朱熹

半亩方塘①一鉴开，

天光云影共徘徊②。

问渠③那得④清如许⑤？

为有源头活水⑥来。

（五年级上册第118页）

【注释】①方塘：又称半亩塘，在福建尤溪城南郑义斋馆舍（后为南溪书院）内。

②徘徊：这句是说天的光和云的影子反映在塘水之中，不停地变动，犹如人在徘徊。

③渠：指方塘。

④那得：怎么会。那：通"哪"，怎么的意思。

⑤清如许：这样清澈。

⑥源头活水：比喻知识是不断更新和发展的，从而不断积累。

【译文】半亩大的方形池塘像一面镜子一样打开了，天光、云影在水面上闪耀浮动。要问池塘里的水为什么这样清澈呢？是因为有永不枯竭的源头源源不断地为它输送活水。

【图中故事】

"半亩方塘一鉴开"半亩大小的方形池塘像镜子一样展开;"天光云影共徘徊"天光和云影在水面上闪耀浮动;"问渠那得清如许"要问池塘里的水为什么这样清澈;"为有源头活水来"因为源头处有流动的水源源不断地输送活水。

【看图写诗】

《_____》

1. _____
2. _____
3. _____
4. _____

水怎么这么清？

【思维拓展】

请同学们发挥自己的想象，创造属于你的《观书有感（其一）》情境图。

扫描二维码，听音频讲解。

观书有感（其二）

[宋]朱熹

昨夜江边春水生，

蒙冲①巨舰(jiàn)一毛轻②。

向来③枉费推移力④，

此日中流⑤自在行。

（五年级上册第118页）

【注释】①蒙冲：古代攻击性很强的战舰名，这里指大船。

②一毛轻：像一片羽毛一般轻盈。

③向来：原先，指春水上涨之前。

④推移力：指浅水时行船困难，需人推挽而行。

⑤中流：河流的中心。

【译文】昨天夜晚江边的春水大涨，那艘大船就像一片羽毛一样轻盈。以往花费许多力量也不能推动它，今天却能在江水中央自在漂流。

《观书有感（其二）》

【图中故事】

"昨夜江边春水生"夜里江边的春水泛滥；"蒙冲巨舰一毛轻"大船就像羽毛一样轻；"向来枉费推移力"以往花费许多力量也不能推动它；"此日中流自在行"如今却能在水中自由自在地穿行。

【看图写诗】

1. _____
2. _____
3. _____
4. _____

【思维拓展】

请同学们发挥自己的想象，创造属于你的《观书有感（其二）》情境图。

扫描二维码，听音频讲解。

四时田园杂兴(其三十一)

[宋] 范成大

昼(zhòu)出耘(yún)田夜绩麻①,

村庄儿女各当家②。

童孙未解供(gòng)③耕织,

也傍④桑阴学种瓜。

(五年级下册第2页)

【注释】①绩麻:把麻搓成线。

②各当家:各人都担任一定的工作。

③供:从事,参加。

④傍:靠近。

【译文】白天去田里从事田间劳动,夜晚在家中搓麻线,村中男男女女各有各的家务劳动。小孩子虽然不会耕田织布,也在那桑树荫下学着种瓜。

【图中故事】

"昼出耘田夜绩麻"白天外出耕种,晚上编制麻绳;"村庄儿女各当家"图中用村庄里的男孩女孩做饭来表示村中男男女女各有各的家务劳动;"童孙未解供耕织"小孩子虽然不会耕田织布,图中用问号符号表示"未解";"也傍桑阴学种瓜"在桑树的荫蔽下学着种瓜。

【看图写诗】

《_____》

1. _____
2. _____
3. _____
4. _____

【思维拓展】

请同学们发挥自己的想象,创造属于你的《四时田园杂兴(其三十一)》情境图。

扫描二维码,听音频讲解。

稚子弄冰

[宋] 杨万里

稚子金盆脱晓冰①，

彩丝穿取当银钲②。

敲成玉磬③穿林响，

忽作玻璃④碎地声。

（五年级下册第2页）

【注释】①脱晓冰：早晨从金属盆里把冰取出来。

②钲：指古代的一种像锣的乐器。

③磬：古代打击乐器，形状像曲尺，用玉、石制成，可以悬挂在墙上。

④玻璃：指古时候的一种天然玉石，也叫水玉，并不是现在的玻璃。

【译文】一个小孩子，早上起来，从结有坚冰的铜盆里剜冰，用彩丝穿起来当钲来敲。敲出的声音像玉磬一样穿过树林，突然冰落在地上发出玉石摔碎般的声音。

【图中故事】

"稚子金盆脱晓冰"一个小孩子从金盆里把冻结的冰块取出来;"彩丝穿取当银钲"另一个孩子把冰块用彩丝穿着当银钲用;"敲成玉磬穿林响"敲出来的声音就像玉磬一样穿过树林;"忽作玻璃碎地声"忽然冰块摔在地上发出玉石摔碎般的声音。

【看图写诗】

《_____》

1. _____
2. _____
3. _____
4. _____

【思维拓展】

请同学们发挥自己的想象，创造属于你的《稚子弄冰》情境图。

扫描二维码，听音频讲解。

村晚

[宋] 雷震

草满池塘水满陂①,
山衔②落日浸③寒漪④。
牧童归去横牛背,
短笛无腔⑤信口⑥吹。

（五年级下册第3页）

【注释】①陂：池塘。

②衔：口里含着。此指落日西沉，半挂在山腰，像被山咬住了。

③浸：淹没。

④寒漪：带有凉意的水纹。

⑤腔：曲调。

⑥信口：随口。

【译文】绿草长满了池塘，池塘里的水几乎溢出了塘岸。远远的青山，衔着通红的落日，一起把影子倒映在水中，闪动着粼粼波光。小牧童横骑在牛背上，拿着一支短笛，随口吹着不成调的乐曲。

【图中故事】

"草满池塘水满陂"池塘里长满了青草,水也快漫到了岸边;"山衔落日浸寒漪"青山衔着落日,影子倒映水中;"牧童归去横牛背"牧童回去的时候横坐在牛背上;"短笛无腔信口吹"随便吹着没有腔调的笛子,图中用杂乱的音乐符表示不成调的乐曲。

【看图写诗】

《＿＿》

1. ＿＿
2. ＿＿
3. ＿＿
4. ＿＿

【思维拓展】

请同学们发挥自己的想象，创造属于你的《村晚》情境图。

扫描二维码，听音频讲解。

游子吟

[唐] 孟郊

慈母手中线,游子①身上衣。

临②行密密缝,意恐③迟迟归④。

谁言寸草心,报得⑤三春晖⑥。

（五年级下册第16页）

【注释】 ①游子：指诗人自己，以及各个离乡的游子。

②临：将要。

③意恐：担心。

④归：回来、回家。

⑤报得：报答。

⑥三春晖：春天灿烂的阳光，指慈母之恩。

【译文】 慈祥的母亲手里拿着针线，为即将远游的孩子做新衣。临行前一针针地缝制，担心孩子此去难得回归。谁能说像小草那样微弱的孝心，可报答得了春晖般的慈母恩情？

【图中故事】

"慈母手中线"有位慈祥的母亲手上拿着针线;"游子身上衣"为将远游的孩子赶制新衣;"临行密密缝"临行前母亲仔仔细细地缝制衣服;"意恐迟迟归"怕孩子此去难得回归,图中用房子表示"归";"谁言寸草心,报得三春晖"谁说像小草一样的孝心能够报答春晖一样的恩情呢?图中用心形田地里的小草表示"寸草心",用三个向日葵表示"三春晖"。

【看图写诗】

《_____》

【思维拓展】

请同学们发挥自己的想象,创造属于你的《游子吟》情境图。

扫描二维码,听音频讲解。

鸟鸣涧

[唐] 王维

人闲①桂花落，

夜静春山②空。

月出惊山鸟，

时鸣春涧中。

（五年级下册第 38 页）

【注释】①人闲：指没有人事活动相扰。

②春山：春日的山，亦指春日山中。

【译文】山涧中寂静无人，桂花轻轻飘落。宁静的夜色中，青山碧林，更显空寂。明月升起，惊动几只栖息在山中的鸟。它们的清脆鸣叫长久回荡在春天的溪涧里。

【图中故事】

"人闲桂花落"王维悠闲地坐在地上看着桂花落下;"夜静春山空"寂静的夜晚春山十分空旷;"月出惊山鸟"月亮从山头出来惊扰了栖息在山中的鸟,图中用感叹号表示"惊";"时鸣春涧中"被惊扰的山鸟时不时在春涧中鸣叫。

【看图写诗】

《_____》
1. _____
2. _____
3. _____
4. _____

【思维拓展】

请同学们发挥自己的想象,创造属于你的《鸟鸣涧》情境图。

扫描二维码,听音频讲解。

从军行

[唐] 王昌龄

青海①长云暗雪山,

孤城遥望玉门关。

黄沙百战穿金甲,

不破②楼兰终不还。

(五年级下册第54页)

【注释】①青海:指青海湖,在今青海省。唐朝大将哥舒翰筑城于此,置神威军戍守。
②破:一作"斩"。

【译文】青海湖上乌云密布,连绵雪山一片黯淡。边塞古城,玉门雄关,远隔千里,遥遥相望。守边将士,身经百战,铠甲磨穿,壮志不灭,不打败进犯之敌,誓不返回家乡。

【图中故事】

"青海长云暗雪山"青海湖素有很多云,旁边的雪山很黯淡;"孤城遥望玉门关"孤城上面有一个士兵用望远镜遥望玉门关;"黄沙百战穿金甲"道路上有一个穿着金黄色战甲、举着"100"旗子的将军;"不破楼兰终不还"军队不把楼兰攻破的话誓不还乡。

【看图写诗】

《_____》

2. _____
1. _____
3. _____
4. _____

【思维拓展】

请同学们发挥自己的想象，创造属于你的《从军行》情境图。

扫描二维码，听音频讲解。

秋夜将晓出篱门迎凉有感

[宋]陆游

三万里①河东入海，

五千仞②岳上摩天。

遗民③泪尽胡尘里，

南望④王师⑤又一年。

（五年级下册第54页）

【注释】①三万里：长度。形容它的长。

②五千仞：高度。仞，古代计算长度的一种单位。

③遗民：指在金占领区生活的原宋朝百姓。

④南望：远眺南方。

⑤王师：指宋朝的军队。

【译文】三万里长的黄河奔腾向东流入大海，五千仞高的华山耸入云霄接触青天。中原人民在金人压迫下眼泪已流尽，他们盼望南方宋朝的军队北伐盼了一年又一年。

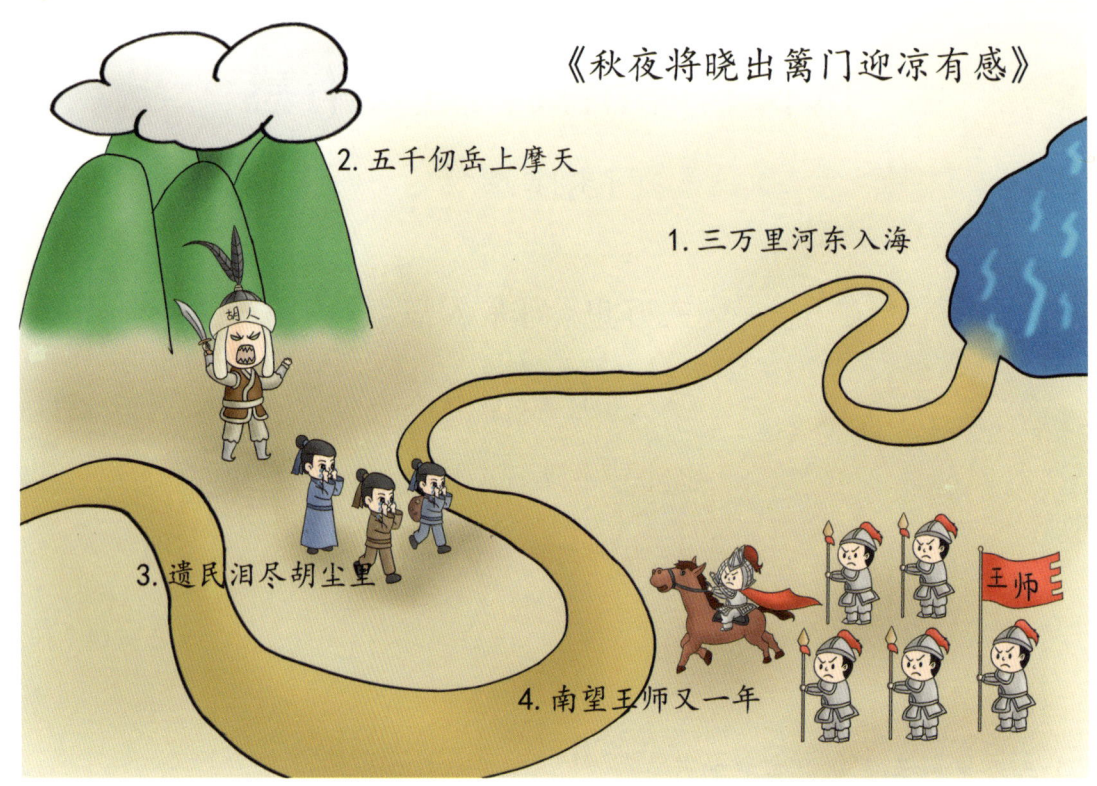

【图中故事】

"三万里河东入海"长三万里的河向东流入大海;"五千仞岳上摩天"五千仞高的山直耸云霄;"遗民泪尽胡尘里"中原人民在胡人的领地流干了眼泪;"南望王师又一年"他们一年又一年地向南方盼望宋朝军队的到来。

【看图写诗】

《_____》

1. _____
2. _____
3. _____
4. _____

【思维拓展】

请同学们发挥自己的想象,创造属于你的《秋夜将晓出篱门迎凉有感》情境图。

扫描二维码,听音频讲解。

闻①官军②收河南河北

[唐]杜甫

剑外忽传收蓟北,初闻涕泪满衣裳。

却看③妻子愁何在,漫卷诗书喜欲狂。

白日放歌须纵酒,青春作伴好还乡。

即从巴峡穿巫峡,便下襄阳向洛阳。

（五年级下册第55页）

【注释】①闻：听说。

②官军：指唐朝军队。

③却看：回头看。

【译文】剑门关外传来喜讯，官军收复蓟北一带，初闻此事，诗人高兴地泪洒衣裳。回望妻子儿女没有愁色，随手收拾起诗书，全家都欣喜若狂。白天想要纵酒高歌，伴着春光刚好与妻儿一同返回家乡。随即就从巴峡穿过巫峡，再到襄阳直奔洛阳。

【图中故事】

"剑外忽传收蓟北"剑门关上插着蓟北的旗子表示已收复;"初闻涕泪满衣裳"诗人刚听到这个消息的时候衣服都被泪打湿了;"却看妻子愁何在"看到一旁的妻儿也不再忧愁了;"漫卷诗书喜欲狂"胡乱卷起书本欣喜若狂;"白日放歌须纵酒"诗人一边唱歌一边喝酒;"青春作伴好还乡"伴着春光,携着妻儿一同返回家乡;"即从巴峡穿巫峡"一路上穿过了巴峡和巫峡;"便下襄阳向洛阳"还从襄阳到了洛阳。

【看图写诗】

《＿＿＿＿＿＿＿》

1. ＿＿＿＿＿＿＿
2. ＿＿＿＿＿＿＿
3. ＿＿＿＿＿＿＿
4. ＿＿＿＿＿＿＿
5. ＿＿＿＿＿＿＿
6. ＿＿＿＿＿＿＿
7. ＿＿＿＿＿＿＿
8. ＿＿＿＿＿＿＿

【思维拓展】

请同学们发挥自己的想象，创造属于你的《闻官军收河南河北》情境图。

扫描二维码，听音频讲解。

凉州词

[唐] 王之涣

黄河远上①白云间，

一片孤城万仞山。

羌笛②何须怨③杨柳，

春风不度玉门关。

（五年级下册第68页）

【注释】①黄河远上：远望黄河的源头。远上：远远向西望去。"远"一作"直"。

②羌笛：古羌族主要分布在甘、青、川一带。羌笛是羌族乐器，属横吹式管乐。

③何须怨：何必埋怨。何须：何必。

【译文】黄河好像从白云间奔流而来，玉门关孤独地耸峙在高山中。何必用羌笛吹起那哀怨的《杨柳曲》去埋怨春光迟迟不来呢？原来春风根本吹不到玉门关外。

【图中故事】

"黄河远上白云间"黄河好像从白云间奔流而来;"一片孤城万仞山"旁边的孤城坐落在万仞高的山上;"羌笛何须怨杨柳"何必用羌笛吹起那哀怨的《杨柳曲》去埋怨春光迟迟不来呢?"春风不度玉门关"原来,春风根本吹不到玉门关外。

【看图写诗】

《____》

1. _____
2. _____
3. _____
4. _____

【思维拓展】

请同学们发挥自己的想象,创造属于你的《凉州词》情境图。

扫描二维码,听音频讲解。

黄鹤楼送孟浩然之广陵

[唐]李白

故人①西辞黄鹤楼,

烟花②三月下③扬州。

孤帆远影碧空尽④,

唯见长江天际流。

(五年级下册第68页)

【注释】①故人:老朋友,这里指孟浩然。

②烟花:形容柳絮如烟、鲜花似锦的春天景物,指艳丽的春景。

③下:顺流向下而行。

④碧空尽:消失在碧蓝的天际。

【译文】我的朋友孟浩然在黄鹤楼与我辞别,在柳絮如烟、繁花似锦的阳春三月去扬州远游。他离开后孤船帆影渐渐消失在碧空尽头,只看见滚滚长江向天际奔流。

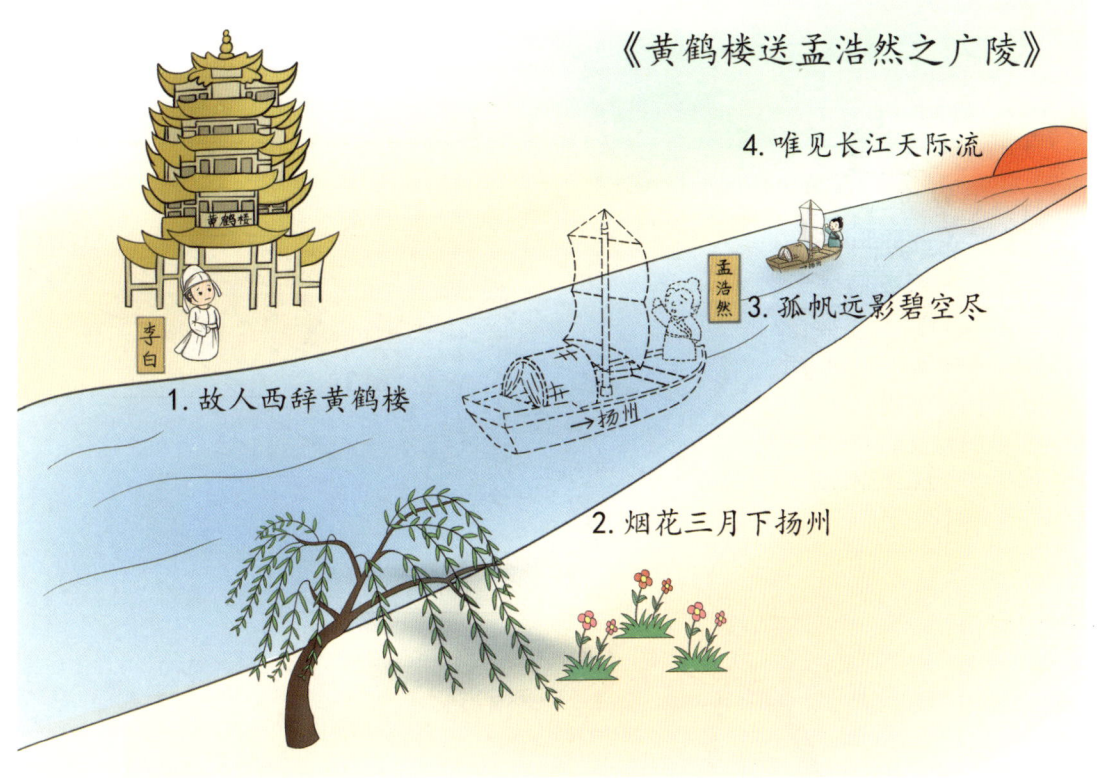

【图中故事】

"故人西辞黄鹤楼"孟浩然向西边辞别我和黄鹤楼;"烟花三月下扬州"在柳絮如烟繁花似锦的三月坐上去扬州的船,图中用向上舒展的柳枝表示烟花,用三朵小花表示三;"孤帆远影碧空尽"孤单的小船消失在天空的尽头;"唯见长江天际流"李白看见长江的水一直流向天际。

【看图写诗】

《_____》

1. _____
2. _____
3. _____
4. _____

【思维拓展】

请同学们发挥自己的想象,创造属于你的《黄鹤楼送孟浩然之广陵》情境图。

扫描二维码,听音频讲解。

乡村四月

[宋]翁卷

绿遍山原①白满川②,

子规声里雨如烟。

乡村四月闲人少,

才了③蚕桑④又插田。

（五年级下册第106页）

【注释】①山原：山陵和原野。

②白满川：指稻田里的水色映着天光。川：平地。

③才了：刚刚结束。

④蚕桑：种桑养蚕。

【译文】山陵和原野草木茂盛，稻田里水色与天光相映。杜鹃在如烟的雨雾里啼叫，大地一片欣欣向荣的景象。四月的乡村里没有闲人，刚刚结束种桑养蚕又要插秧了。

【图中故事】

"绿遍山原白满川"山陵和原野一片绿色,稻田里水色与天光相映;"子规声里雨如烟"杜鹃在如烟的雨雾里啼叫,图中用音符代表声音;"乡村四月闲人少"四月的乡村中没有闲人;"才了蚕桑又插田"刚处理完种桑养蚕又开始插秧。

【看图写诗】

《_____》

1. _____
2. _____
3. _____
4. _____

【思维拓展】

请同学们发挥自己的想象,创造属于你的《乡村四月》情境图。

扫描二维码,听音频讲解。

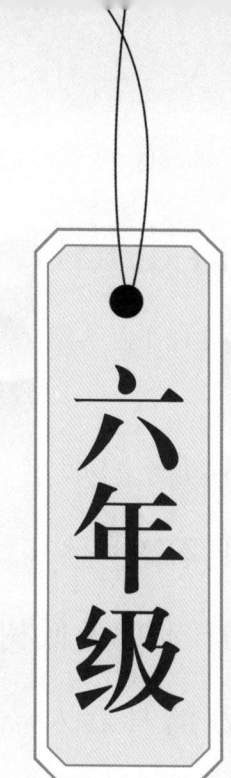

六年级

宿建德江

[唐] 孟浩然

移舟①泊烟渚zhǔ，

日暮客②愁新。

野③旷④天低树⑤，

江清月近人。

(六年级上册第8页)

【注释】①移舟：划动小船。
②客：指作者自己。
③野：原野。
④旷：空阔远大。
⑤天低树：天幕低垂，好像和树木相连。

【译文】把小船停靠在被烟雾笼罩的小洲上，日暮时分，新的愁绪又涌上游子的心头。旷野无边无际，远处的天比树还低，江水清清，明月好像离人更近。

【图中故事】

"移舟泊烟渚"诗人将小船靠在被烟雾笼罩的小岛上;"日暮客愁新"太阳要下山了,诗人的悲伤涌上心头;"野旷天低树"远处的天好像比树还低;"江清月近人"清澈的江上升起的明月看上去和人离得很近。

【看图写诗】

《_____》

1. _____
2. _____
3. _____
4. _____

【思维拓展】

请同学们发挥自己的想象,创造属于你的《宿建德江》情境图。

扫描二维码,听音频讲解。

六月二十七日望湖楼醉书

[宋]苏轼(shì)

黑云翻墨①未遮山,

白雨②跳珠乱入船。

卷地风来忽吹散,

望湖楼下水如天③。

(六年级上册第8页)

【注释】 ①翻墨:打翻的黑墨水,形容云层很黑。
②白雨:指夏日阵雨的特殊景观,因雨点大而猛,在湖光山色的衬托下,显得白而透明。
③水如天:形容湖面像天空一般开阔而且平静。

【译文】 乌云上涌就像墨汁泼下,却又在天边露出一段山峦,大雨激起的水花如白珠碎石,飞溅入船。忽然间狂风卷地而来,吹散了满天的乌云,那望湖楼下的湖水碧波如镜,像天空一样开阔且平静。

【图中故事】

"黑云翻墨未遮山"翻滚的乌云像泼洒的墨汁,还没有完全遮住山峦;"白雨跳珠乱入船"白色的雨像珠子一样跳入船上;"卷地风来忽吹散"从地上卷起来的风吹散了云;"望湖楼下水如天"望湖楼下的水像天一样清澈。

【看图写诗】

【思维拓展】

请同学们发挥自己的想象,创造属于你的《六月二十七日望湖楼醉书》情境图。

扫描二维码,听音频讲解。

西江月·夜行黄沙道中

[宋] 辛弃疾

明月别枝惊鹊①，清风半夜鸣蝉。

稻花香里说丰年，听取蛙声一片。

七八个星天外，两三点雨山前。

旧时②茅店③社林边，路转溪桥忽见。

（六年级上册第9页）

【注释】①别枝惊鹊：惊动喜鹊飞离树枝。

②旧时：往日。

③茅店：茅草盖的乡村客店。

【译文】明月升起，惊扰了栖息在枝头的喜鹊。半夜里清凉的晚风吹来，仿佛听见了远处的蝉叫声。在稻花的香气里，人们谈论着丰收的年景，耳边传来一片蛙声。星星在天上闪烁，山前下起了淅淅沥沥的小雨。从前那熟悉的茅店小屋依然坐落在土地庙附近的树林边，道路转过溪水的源头，小溪和桥忽然出现在眼前。

【图中故事】

"明月别枝惊鹊"月亮升起惊动了枝头上的喜鹊;"清风半夜鸣蝉"半夜里清风吹拂,传来蝉的鸣叫声;"稻花香里说丰年"农民伯伯在稻田里说着"丰年"两个字;"听取蛙声一片"不远处的河流里能听到青蛙的鸣叫;"七八个星天外,两三点雨山前"远处的天边有星星,山前下起了淅沥的小雨;"旧时茅店社林边"原来的茅店坐落在树林旁边;"路转溪桥忽见"道路转过溪水的源头,小溪和桥忽然出现在眼前。

【看图写诗】

【思维拓展】

请同学们发挥自己的想象,创造属于你的《西江月·夜行黄沙道中》情境图。

扫描二维码,听音频讲解。

过故人庄

[唐]孟浩然

故人具①鸡黍,邀我至②田家。

绿树村边合,青山郭③外斜。

开轩面场圃(pǔ),把酒话桑麻。

待到重阳日,还来就菊花。

（六年级上册第14页）

【注释】①具：准备，置办。
②至：到。
③郭：古代城墙有内外两重，内为城，外为郭。这里指村庄的外墙。

【译文】老朋友准备好饭菜，邀请我到他的家做客。翠绿的树林围绕着村落，苍青的山峦在城外横卧。推开窗户面对谷场菜园，边喝酒边谈论庄稼情况。待到重阳节再来这里观赏菊花。

【图中故事】

　　"故人具鸡黍"老朋友预备了丰盛的饭菜;"邀我至田家"老朋友邀请诗人到他的农庄;"绿树村边合"翠绿的树林围绕着村落;"青山郭外斜"很远的地方有横卧的青山;"开轩面场圃"朋友打开他家的窗户,窗外有个谷场;"把酒话桑麻"诗人和朋友一起喝酒讨论桑麻等农事;"待到重阳日,还来就菊花"朋友邀请诗人等到重阳节的时候再观赏菊花,图中用重阳酒表示"重阳节"。

【看图写诗】

《_____》

1. _____
2. _____
3. _____
4. _____
5. _____
6. _____
7. _____
8. _____

【思维拓展】

请同学们发挥自己的想象,创造属于你的《过故人庄》情境图。

扫描二维码,听音频讲解。

七律·长征

毛泽东

红军不怕远征难①,万水千山只等闲。

五岭逶迤②腾细浪,乌蒙磅礴走泥丸。
（wēi yí）　　　　　　　（páng bó）　（wán）

金沙水拍云崖暖,大渡桥横铁索寒③。

更喜岷山千里雪,三军过后尽开颜。
　　（mín）

（六年级上册第16页）

【注释】①难：艰难险阻。

②逶迤：形容道路、山脉、河流等弯弯曲曲、连绵不断的样子。

③寒：影射敌人的冷酷与形势的严峻。

【译文】红军不怕长征路上的艰难险苦，把千山万水都看得极为平常。绵延不断的五岭，在红军看来只不过是微波细浪在起伏，气势雄伟的乌蒙山，在红军眼里也不过是一颗泥丸。金沙江拍打着直入云霄的悬崖，溅起阵阵雾水，像是冒出蒸汽一样。大渡河上横着一道险桥，晃动着无数铁索，让人寒意阵阵。更加令人喜悦的是踏上千里积雪的岷山，红军翻越过后个个都喜笑颜开。

【图中故事】

"红军不怕远征难"红军不害怕远征的困难;"万水千山只等闲"走过万水与千山也只觉得很平常;"五岭逶迤腾细浪"五岭的道路像细浪一样蜿蜒;"乌蒙磅礴走泥丸"乌蒙山的磅礴在红军眼中不过是脚下滚动的泥丸;"金沙水拍云崖暖"金沙江的水拍打到岸上散发出蒸汽;"大渡桥横铁索寒"大渡桥上的铁索让人感觉十分寒冷;"更喜岷山千里雪"更喜欢岷山的千里雪;"三军过后尽开颜"三军翻过雪山后都很开心。

【看图写诗】

1. _____
2. _____
3. _____
4. _____
5. _____
6. _____
7. _____
8. _____

《_____》

【思维拓展】

请同学们发挥自己的想象，创造属于你的《七律·长征》情境图。

扫描二维码，听音频讲解。

春日

[宋] 朱熹

胜日①寻芳泗水②滨③,

无边光景一时新。

等闲③识得东风面,

万紫千红总是春。

(六年级上册第52页)

【注释】①胜日:天气晴朗的好日子,也可看出人的好心情。

②泗水:河名,在今山东省。

③滨:水边,河边。

④等闲:随意。"等闲识得"是容易识别的意思。

【译文】风和日丽在泗水之滨游玩,无边无际的风光焕然一新。谁都可以看出春天的面貌,万紫千红到处都是春天的景致。

【图中故事】

"胜日寻芳泗水滨"诗人在风和日丽的泗水之滨里寻找春天;"无边光景一时新"无边无际的风光场景焕然一新;"等闲识得东风面"谁都可以看出春天的面貌;"万紫千红总是春"图中右下角姹紫嫣红的花表示"春天的景致"。

【看图写诗】

《＿＿》

1. ＿＿＿＿＿＿＿
2. ＿＿＿＿＿＿＿
3. ＿＿＿＿＿＿＿
4. ＿＿＿＿＿＿＿

【思维拓展】

请同学们发挥自己的想象，创造属于你的《春日》情境图。

扫描二维码，听音频讲解。

回乡偶书

[唐] 贺知章

少小离家①老大回,

乡音②无改鬓毛衰。

儿童相见③不相识,

笑问客从何处来。

(六年级上册第70页)

【注释】①少小离家:贺知章三十七岁中进士,在此以前就离开家乡。

②乡音:家乡的口音。

③相见:即看见我。相:有指代性的副词。

【译文】我在年少时离开家乡,到了迟暮之年才回来。家乡的口音虽未改变,但鬓角的毛发却已经疏落。儿童们看见我,都不认识。他们笑着询问:"客人是从哪里来的呀?"

【图中故事】

"少小离家老大回"诗人在年少时离开家乡，年老时才回来；"乡音无改鬓毛衰"诗人依旧是以前的口音，但是鬓角的头发已经花白；"儿童相见不相识，笑问客从何处来"一个儿童和诗人相见却不认识，有儿童笑着问诗人是从哪来的。

【看图写诗】

《_____》

贺知章

1. _____
2. _____
3. _____
4. _____

【思维拓展】

请同学们发挥自己的想象，创造属于你的《回乡偶书》情境图。

扫描二维码，听音频讲解。

浪淘沙（其一）

[唐] 刘禹锡

九曲①黄河万里沙②，
浪淘风簸③(bǒ)自天涯。
如今直上银河去，
同到牵牛织女④家。

（六年级上册第86页）

【注释】①九曲：自古相传黄河有九道弯。形容弯弯曲曲的地方很多。
②万里沙：黄河在流经各地时挟带大量泥沙。
③浪淘风簸：黄河卷着泥沙，风浪滚动的样子。
④牵牛织女：银河系的两个星座名。自古相传，织女为天上仙女，下凡到人间，和牛郎结为夫妇。后西王母召回织女，牛郎追上天，西王母罚他们隔河相望，只准每年七月七日的夜晚相会一次。

【译文】万里黄河弯弯曲曲挟带着泥沙，波涛滚滚如巨风掀簸，自天涯而来。如今我要迎着风浪直上高空的银河，一起去寻访牛郎织女的家。

【图中故事】

"九曲黄河万里沙"曲折的黄河挟带许多黄色的沙子;"浪淘风簸自天涯"巨风掀起的浪涛来自"天涯";"如今直上银河去"如今我要迎着风浪直上高空的银河;"同到牵牛织女家"一起去寻访牛郎织女的家。

【看图写诗】

《_____》

天涯

4. _____
3. _____
2. _____
1. _____

【思维拓展】

请同学们发挥自己的想象，创造属于你的《浪淘沙（其一）》情境图。

扫描二维码，听音频讲解。

江南春

[唐] 杜牧

千里莺啼①绿映红,

水村山郭②（guō）酒旗风。

南朝四百八十寺③,

多少楼台烟雨④中。

（六年级上册第86页）

【注释】①莺啼：即莺啼燕语。

②郭：外城。此处指城镇。

③四百八十寺：南朝皇帝和大官僚好佛，在京城（今南京市）大建佛寺。这里说四百八十寺，是虚数。

④烟雨：细雨蒙蒙，如烟如雾。

【译文】千里江南，到处莺歌燕舞，桃红和柳绿相互衬映，村庄临着水，城郭靠着山，迎风招展的酒旗随处可见。到处是寺庙，亭台楼阁矗立在朦胧的烟雨之中。

《江南春》

【图中故事】

"千里莺啼绿映红"黄莺啼叫的下方桃红柳绿;"水村山郭酒旗风"水边的村庄,山边的城郭,迎风拓展的酒旗;"南朝四百八十寺"南朝里有许多寺庙;"多少楼台烟雨中"烟雨笼罩着许多楼台。

【看图写诗】

《_____》

1. _____
2. _____
3. _____
4. _____

【思维拓展】

请同学们发挥自己的想象，创造属于你的《江南春》情境图。

扫描二维码，听音频讲解。

书湖阴先生壁

[宋]王安石

茅檐①长扫净无苔,

花木成畦②手自栽。

一水护田将绿绕,

两山排闼③送青来。

(六年级上册第87页)

【注释】①茅檐:茅屋檐下,这里指庭院。

②成畦:成垄成行。畦:经过修整的一块块田地。

③排闼:开门。

【译文】茅草房的庭院经常打扫,洁净得没有一丝青苔。修整过的花草树木像田地一样成垄成行,这都是主人亲手栽种的。庭院外一条小河保护着农田,并且环绕着农田;两座大山像推开的两扇门为人们送去绿色。

【图中故事】

"茅檐长扫净无苔"图中左下角的房子经常打扫因此十分干净;"花木成畦手自栽"房子右边的花草树木都是诗人亲手栽种的;"一水护田将绿绕"诗人旁边的小河将水田围绕了起来;"两山排闼送青来"远处两座山像大门一样打开给这里送来青色。

【看图写诗】

《_____》

1. _____
2. _____
3. _____
4. _____

【思维拓展】

请同学们发挥自己的想象,创造属于你的《书湖阴先生壁》情境图。

扫描二维码,听音频讲解。

寒食

[唐] 韩翃(hóng)

春城①无处不飞花,
寒食②东风御柳③斜。
日暮汉宫④传蜡烛⑤,
轻烟散入五侯⑥家。

(六年级下册第11页)

【注释】①春城:暮春时的长安城。

②寒食:古代在清明节前两天的节日,禁火三天,只吃冷食,所以称寒食。

③御柳:御苑之柳,皇城中的柳树。

④汉宫:这里指唐朝皇宫。

⑤传蜡烛:寒食节天下禁火,但权贵宠臣可得到皇帝恩赐的燃烛。

⑤五侯:汉成帝时封王皇后的五个兄弟王谭、王商、王立、王根、王逢时皆为侯,受到特别的恩宠。

【译文】春天的长安城处处柳絮、花瓣飞舞,寒食节的东风吹拂着皇家花园的柳枝。夜幕降临,宫里忙着传送蜡烛赏赐王侯近臣,袅袅轻烟散入王侯贵戚的家里。

【图中故事】

"春城无处不飞花"春天的长安城里面到处都有飘零的花瓣;"寒食东风御柳斜"寒食节的东风吹斜了柳枝;"日暮汉宫传蜡烛"日暮时分,汉宫的宫女在传送蜡烛;"轻烟散入五侯家"轻烟飘入了五个王侯的家里。

【看图写诗】

《____》

4. _____
3. _____
2. _____
1. _____

【思维拓展】

请同学们发挥自己的想象，创造属于你的《寒食》情境图。

扫描二维码，听音频讲解。

迢迢牵牛星

选自《古诗十九首》

迢迢牵牛星①，皎皎②河汉女③。
纤纤擢(zhuó)素手，札札(zhá)弄机杼(zhù)④。
终日不成章，泣涕⑤零如雨。
河汉清且浅，相去复几许。
盈盈一水间，脉脉(mò)不得语。

（六年级下册第11页）

【注释】①迢迢：遥远。牵牛星：隔银河和织女星相对，俗称"牛郎星"，是天鹰星座的主星，在银河南。
②皎皎：明亮。
③河汉女：指织女星，是天琴星座的主星，在银河北。织女星与牵牛星隔河相对。
④札札弄机杼：正摆弄着织机（织着布），发出札札的织布声。弄：摆弄。
⑤涕：眼泪。

【译文】遥远的牵牛星，明亮的织女星。织女伸出纤细的手摆弄织机发出札札的织布声。一整天也没织成一段布，眼泪如雨般落下。银河又清又浅，他们相聚并没有多远。虽然只隔一条河流，但他们却只能相互凝视，无法用语言交谈。

【图中故事】

"迢迢牵牛星,皎皎河汉女"遥远的牵牛星和明亮的织女星隔河遥望;"纤纤擢素手,札札弄机杼"织女纤细的手拨弄着织机发出札札的声音;"终日不成章,泣涕零如雨"一整天也没织成一块布,眼泪却流了很多;"河汉清且浅,相去复几许"银河很清很浅,他们相隔也很近;"盈盈一水间,脉脉不得语"虽然只有一条河相隔,他们却只能含情相视而不能用言语交流。

【看图写诗】

《_____》

1. _____
2. _____
3. _____
4. _____
5. _____

【思维拓展】

请同学们发挥自己的想象,创造属于你的《迢迢牵牛星》情境图。

扫描二维码,听音频讲解。

十五夜望月

[唐] 王建

中庭①地白②树栖鸦,

冷露③无声湿桂花。

今夜月明人尽望,

不知秋思④落谁家。

(六年级下册第12页)

【注释】 ①中庭:即庭中,庭院中。

②地白:指月光照在庭院的样子。

③冷露:秋天的露水。

④秋思:秋天的情思,这里指怀人的思绪。

【译文】 中秋的月光照射在庭院中,地上好像铺上了一层霜雪那样白,树上伫立着鸦雀,秋天的露水打湿了庭院的桂花。今夜人们都在赏月,不知道秋思会落在谁家?

【图中故事】

"中庭地白树栖鸦"庭院的地被月光照得很白,树上栖息着鸦雀;"冷露无声湿桂花"露水打湿了桂花,图中用静音符号表示"无声";"今夜月明人尽望"今晚人们都在看月亮;"不知秋思落谁家"不知道秋思落入了谁的家里,图中用月亮的光线代表"秋思"。

【看图写诗】

《_____》

1._____
2._____
3._____
4._____

【思维拓展】

请同学们发挥自己的想象,创造属于你的《十五夜望月》情境图。

扫描二维码,听音频讲解。

长歌行

汉乐府

青青园中葵，朝露①待日晞。
阳春②布德泽，万物生光辉。
常恐秋节至，焜黄华③叶衰。
百川东到海，何时复西归？
少壮④不努力，老大徒伤悲！

（六年级下册第18页）

【注释】①朝露：清晨的露水。
②阳春：阳指温和，阳春指露水和阳光都充足适宜的时候。
③焜黄：形容草木凋落枯黄的样子。华：同"花"。
④少壮：年轻力壮，指青少年时代。

【译文】园中的葵菜都郁郁葱葱，晶莹的朝露在阳光下消失。春天把希望洒满了大地，万物都呈现出一派繁荣的景象。经常害怕秋天到来，树叶凋落百草也凋零。百川奔腾着东流到大海，何时才能再次向西流回？少年人如果不及时努力，到老来徒劳悔恨也没用了。

【图中故事】

"青青园中葵,朝露待日晞"园中的葵菜郁郁葱葱,晶莹的朝露在阳光下消失;"阳春布德泽,万物生光辉"春天的太阳落下,万物向阳而生;"常恐秋节至,焜黄华叶衰"经常害怕秋天到来万物都会凋零;"百川东到海,何时复西归"无数河流向东边流入大海,什么时候再次向西流回呢;"少壮不努力,老大徒伤悲"年少时不努力,等老了就只能徒增悲伤之情。

【看图写诗】

《____》

1. ____
2. ____
3. ____
4. ____
5. ____

【思维拓展】

请同学们发挥自己的想象,创造属于你的《长歌行》情境图。

扫描二维码,听音频讲解。

马诗

[唐] 李贺

大漠①沙如雪,

燕山②月似钩。

何当金络脑③,

快走踏清秋④。

(六年级下册第58页)

【注释】①大漠:广大的沙漠。

②燕山:在河北省。一说为燕然山,即今之杭爱山,位于蒙古国中部。

③金络脑:即金络头,用黄金装饰的马笼头。

④清秋:清朗的秋天。

【译文】平沙万里在月光下像铺上一层白皑皑的霜雪,连绵的燕山山岭上,明月如弯钩一般。何时才能受到皇帝赏识,给我这匹骏马佩戴上黄金打造的辔头,让我在清朗的秋天的战场上驰骋,立下功劳呢?

【图中故事】

"大漠沙如雪"大漠的黄沙在月光下像白雪一样;"燕山月似钩"燕山上的月亮像弯钩一样;"何当金络脑"诗人希望自己的马能带上金络头;"快走踏清秋"骑着马在清朗的秋天飞奔,图中用秋叶表示"清秋"。

【看图写诗】

《___》

燕山

1. ___
2. ___
3. ___
4. ___

【思维拓展】

请同学们发挥自己的想象，创造属于你的《马诗》情境图。

扫描二维码，听音频讲解。

石灰吟

[明] 于谦

千锤万凿①出深山,

烈火焚烧若等闲②。

粉骨碎身浑不怕,

要留清白③在人间④。

【注释】①千锤万凿:无数次的锤击开凿,形容开采石灰非常艰难。千、万:虚词,形容很多。锤:锤打。凿:开凿。

②若等闲:好像很平常的事情。若:好像,好似。等闲:平常,轻松。

③清白:指石灰洁白的本色,又比喻高尚的节操。

④人间:人世间。

【译文】石灰石只有经过千万次的锤打和敲击才能从深山里被开采出来,熊熊烈火的焚烧对它来说好像是很平常的事情。即使粉身碎骨,它也毫不惧怕,甘愿把一身清白留在人世间。

【图中故事】

"千锤万凿出深山"石灰石经过千锤万凿从深山中被开采出来;"烈火焚烧若等闲"被烈火灼烧也觉得很平常;"粉骨碎身浑不怕"即便是粉身碎骨也不怕;"要留清白在人间"因为要把自己的清白留在人间。

【看图写诗】

《＿＿＿》

1. ＿＿＿＿＿＿＿＿
2. ＿＿＿＿＿＿＿＿
3. ＿＿＿＿＿＿＿＿
4. ＿＿＿＿＿＿＿＿

【思维拓展】

请同学们发挥自己的想象,创造属于你的《石灰吟》情境图。

扫描二维码,听音频讲解。

竹石

[清] 郑燮(xiè)

咬定①青山不放松，

立根②原在破岩中。

千磨万击③还坚劲(jìng)，

任④尔东西南北风。

（六年级下册第59页）

【注释】 ①咬定：咬紧。

②立根：扎根。

③千磨万击：指无数的磨难和打击。

④任：任凭、无论、不管。

【译文】 竹子紧紧咬住青山不放松，深深扎根在岩石缝中。经历无数的磨难和打击，仍然坚劲，不管东西南北风刮来，都依旧坚挺。

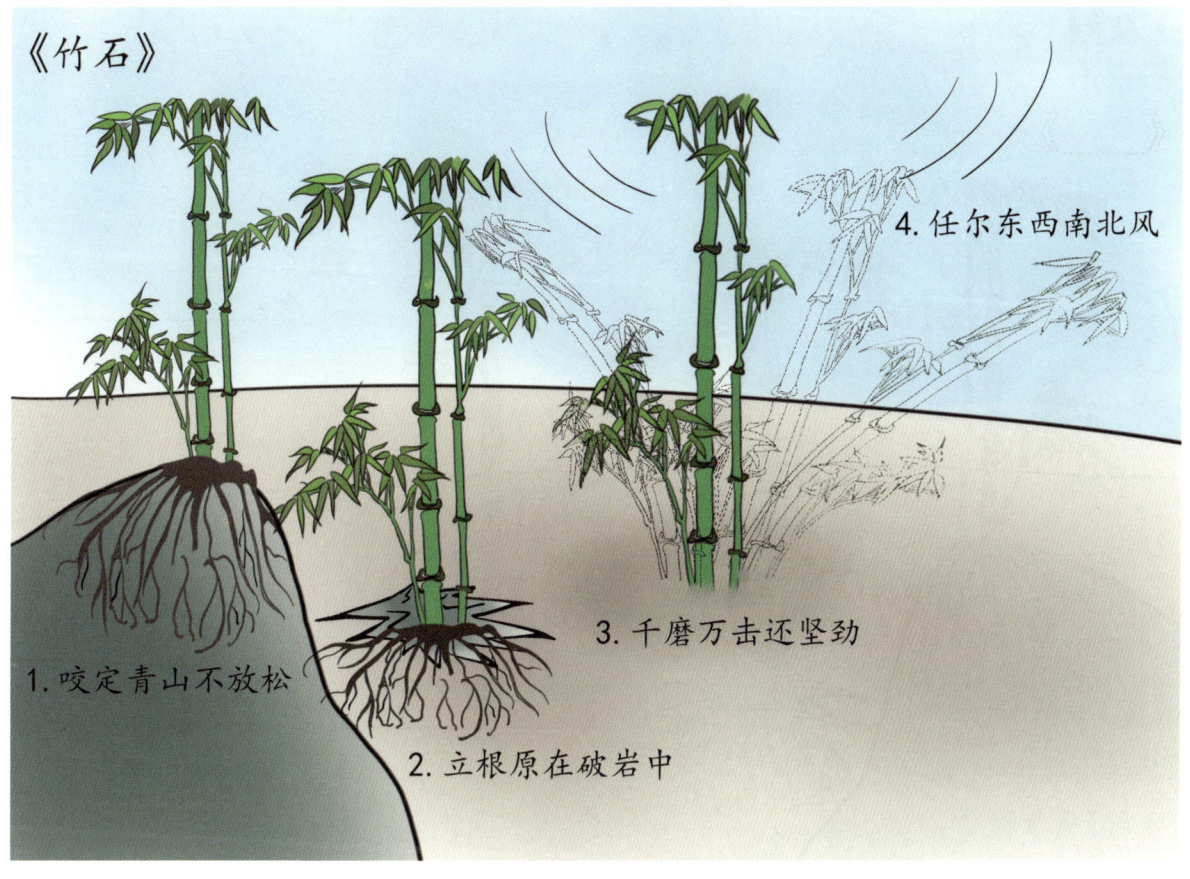

【图中故事】

"咬定青山不放松"图中的竹子仿佛咬住了青山,一点也不松懈;"立根原在破岩中"竹子的根生长在裂开的岩石里;"千磨万击还坚劲,任尔东西南北风"不管怎么击打,任凭东西南北风吹来也还是坚韧如初。

【看图写诗】

《＿＿》

1. ＿＿＿＿＿
2. ＿＿＿＿＿
3. ＿＿＿＿＿
4. ＿＿＿＿＿

【思维拓展】

请同学们发挥自己的想象，创造属于你的《竹石》情境图。

扫描二维码，听音频讲解。

采薇（节选）

选自《诗经·小雅》

昔我往矣①，杨柳依依②。

今我来思，雨雪霏霏③。
（fēi）

行道迟迟，载渴载饥。

我心伤悲，莫知我哀！

（六年级下册第111页）

【注释】①矣：语气助词。

②依依：形容树枝柔弱，随风摇摆的样子。

③霏霏：雪花飞舞的样子。

【译文】回想当初出征时，杨柳随风摇曳。如今回来路途中，大雪漫天纷飞。道路泥泞难行走，又饥又渴。满腔伤感满腔悲，我的哀痛谁能体会到！

《采薇(节选)》

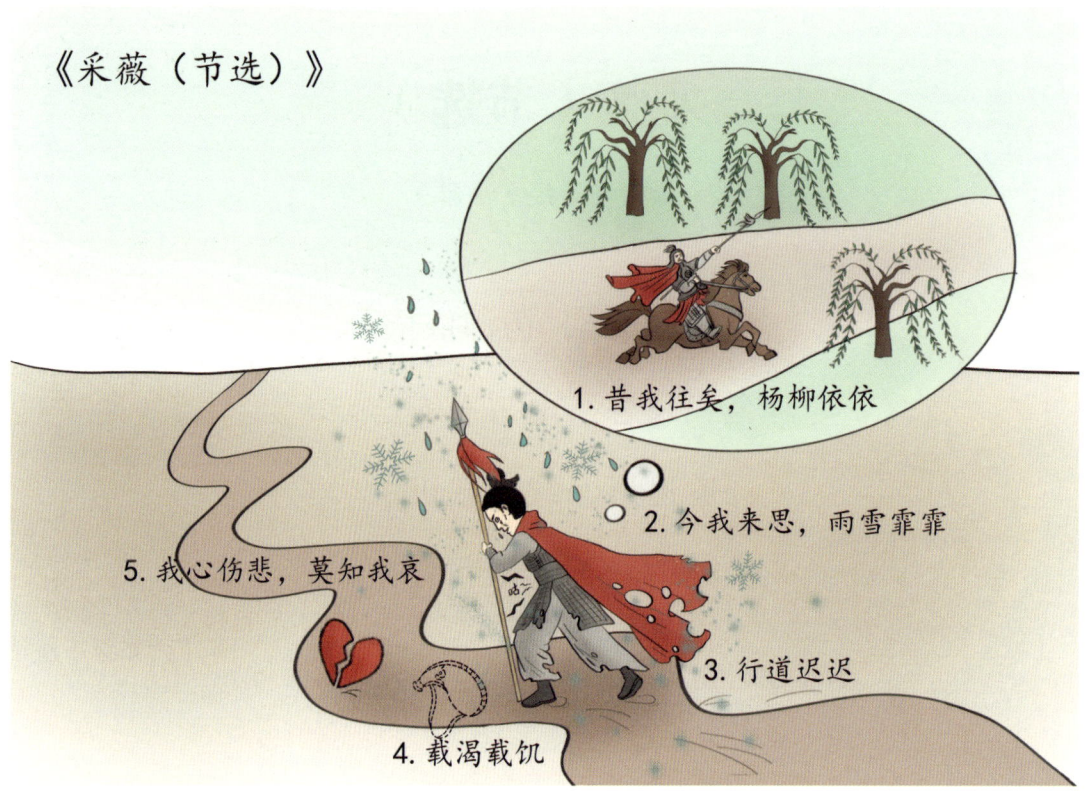

1. 昔我往矣,杨柳依依
2. 今我来思,雨雪霏霏
3. 行道迟迟
4. 载渴载饥
5. 我心伤悲,莫知我哀

【图中故事】

"昔我往矣,杨柳依依"从前出征的时候路旁都是杨柳飘扬;"今我来思,雨雪霏霏"如今我回来的时候雨雪纷纷扬扬;"行道迟迟,载渴载饥"道路很泥泞,又渴又饿,图中用肚子叫声和画成虚线的水壶表示又渴又饿;"我心伤悲,莫知我哀"我的心情悲伤,没人知道我的悲哀。图中地上破裂的心表示"心伤悲"。

【看图写诗】

《_____》

1. _____
2. _____
5. _____
3. _____
4. _____

【思维拓展】

请同学们发挥自己的想象,创造属于你的《采薇(节选)》情境图。

扫描二维码,听音频讲解。

送元二使安西

[唐] 王维

渭城①朝雨浥②轻尘,

客舍青青柳色③新。

劝君更尽一杯酒,

西出阳关④无故人。

(六年级下册第112页)

【注释】①渭城:在今陕西省西安市西北,即秦代咸阳古城。

②浥:湿润。

③柳色:指初春嫩柳的颜色,柳树象征离别。

④阳关:在今甘肃省敦煌西南,为自古赴西北边疆的要道。

【译文】清晨的微雨湿润了渭城地面的灰尘,青砖绿瓦的旅舍和周围的柳树都显得格外清新。真诚地奉劝我的朋友再干一杯美酒,向西出了阳关就难以遇到故旧亲人了。

【图中故事】

"渭城朝雨浥轻尘"渭城的清晨下雨打湿了尘土,图中青色湿土谐音"轻";"客舍青青柳色新"青砖绿瓦的旅社和周围的柳树都显得格外清新;"劝君更尽一杯酒"诗人和朋友对坐劝朋友再多喝一杯酒;"西出阳关无故人"出了阳关后就再也见不到你这个老朋友了,图中用虚线表示"无故人"。

【看图写诗】

《_____》

1. _____
2. _____
3. _____
4. _____

【思维拓展】

请同学们发挥自己的想象，创造属于你的《送元二使安西》情境图。

扫描二维码，听音频讲解。

春夜喜雨

[唐]杜甫

好雨知时节,当春乃①发生。

随风潜入夜,润物②细无声。

野径③云俱黑,江船火独明。

晓看红湿处,花重④锦官城。

(六年级下册第113页)

【注释】①乃:就。

②润物:使植物受到雨水的滋养。

③野径:乡间的小路。

④花重:花因沾着雨水,显得饱满沉重的样子。

【译文】好雨仿佛知道时节,降临在万物萌生之春。伴随着风,悄悄进入夜幕。细细密密,无声滋润大地万物。浓浓乌云,笼罩田野小路,唯有江边渔船上的灯火独自闪烁。等天亮的时候,那潮湿的泥土上必定布满了红色的花瓣,锦官城的大街小巷也一定是一片万紫千红的景象。

【图中故事】

"好雨知时节"下雨的时候正是好时节;"当春乃发生"在春天的时候花就开了;"随风潜入夜"雨伴随着风潜入夜晚;"润物细无声"悄无声息地滋润了万物;"野径云俱黑"小路上面的云全都是黑的;"江船火独明"图中的江上有一艘船,船上唯独有一盏照明的渔火;"晓看红湿处"白天就能看到湿润的红色花瓣,初生的太阳表示"晓";"花重锦官城"锦官城前面布满许多花瓣。

【看图写诗】

《_____》

1. _____
2. _____
3. _____
4. _____
5. _____
6. _____
7. _____
8. _____

【思维拓展】

请同学们发挥自己的想象,创造属于你的《春夜喜雨》情境图。

扫描二维码,听音频讲解。

早春呈①水部张十八员外

[唐] 韩愈

天街②小雨润如酥③,

草色遥看近却无。

最是④一年春好处⑤,

绝胜⑥烟柳满皇都⑦。

（六年级下册第114页）

【注释】①呈：恭敬地送给。

②天街：京城街道。

③润如酥：细腻如酥。酥：动物的油，这里形容春雨的细腻。

④最是：正是。

⑤处：时。

⑥绝胜：远远胜过。

⑦皇都：帝都，这里指长安。

【译文】京城的街道上空小雨纷纷，如酥油一般细密而滋润，从远处看小草连成一片，近看时却稀疏零落。早春是一年中最美的景色，它远胜过了绿柳满城的暮春。

【图中故事】

"天街小雨润如酥"街道上的小雨像酥油一样润;"草色遥看近却无"远处可以看见草连成一片,但近看却稀疏零落;"最是一年春好处"图中花草表示"春",写有"春"字的旗子插在最中间表示好的地方,即"好处";"绝胜烟柳满皇都"图中最右边有个皇宫,旁边的柳树如烟,景色绝美。

【看图写诗】

【思维拓展】

请同学们发挥自己的想象,创造属于你的《早春呈水部张十八员外》情境图。

扫描二维码,听音频讲解。

江上渔者

[宋]范仲淹

江上往来人，

但①爱鲈鱼美。

君②看一叶舟③，

出没④风波里。

（六年级下册第115页）

【注释】①但：单单，只是。

②君：你。

③一叶舟：像漂浮在水上的一片树叶似的小船。

④出没：若隐若现，指一会儿看得见，一会儿看不见。

【译文】江上来来往往的人，都喜爱鲜美的鲈鱼。你看那打鱼人驾着像树叶一样的小船，在大风大浪里上下颠簸，飘摇不定。

【图中故事】

"江上往来人"江上有来来往往的人;"但爱鲈鱼美"人们都拿着鲈鱼表示喜欢;"君看一叶舟"你看那个小船;"出没风波里"打鱼人驾着小船在风浪里若隐若现。

【看图写诗】

《_____》

1. _____
2. _____
3. _____
4. _____

【思维拓展】

请同学们发挥自己的想象,创造属于你的《江上渔者》情境图。

扫描二维码,听音频讲解。

泊船①瓜洲

[宋]王安石

京口②瓜洲一水③间，

钟山只隔数重山。

春风又绿④江南岸，

明月何时照我还。

（六年级下册第116页）

【注释】①泊船：停船。泊：停泊，指停泊靠岸。

②京口：古城名。故址在江苏省镇江市。

③一水：一条河，这里指长江。

④绿：吹绿。

【译文】京口和瓜洲仅一水之隔，钟山也只隔着几重青山。春风又吹绿了大江南岸，天上的明月呀，你什么时候才能够照着我回家呢？

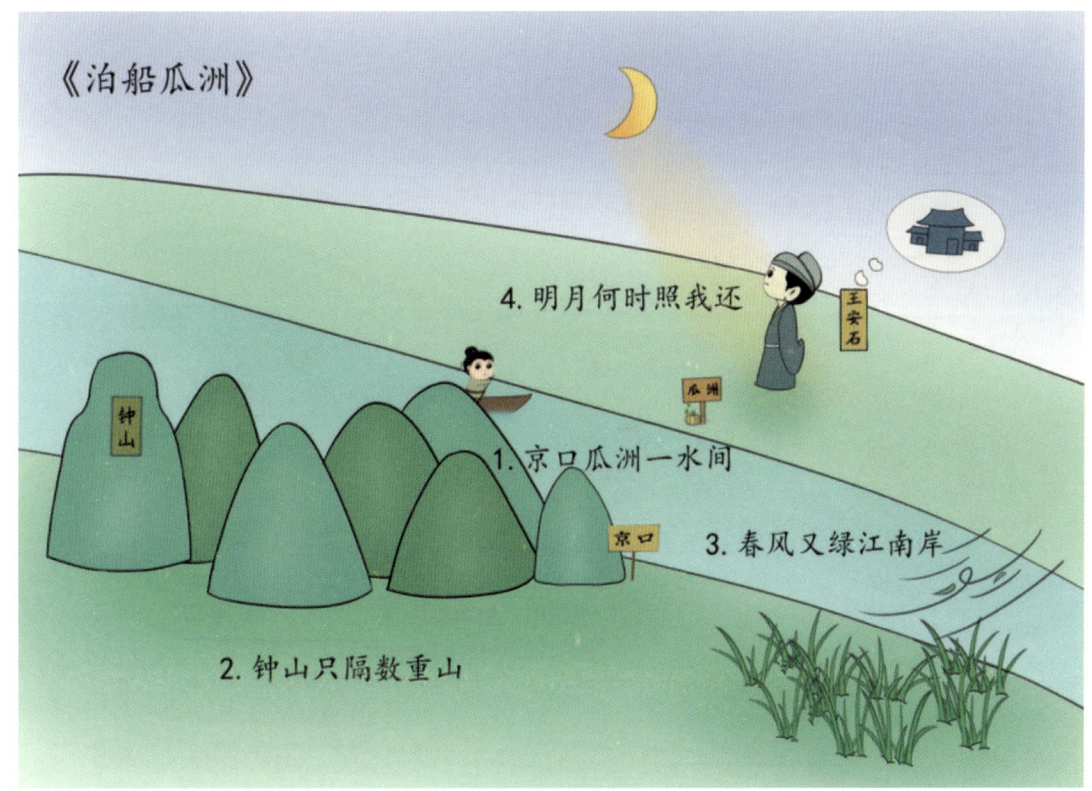

【图中故事】

"京口瓜洲一水间"图中有京口和瓜洲的地标,它们中间只隔着一条河;"钟山只隔数重山"距离钟山也只隔着几座山;"春风又绿江南岸"春风吹绿了江南岸边的草;"明月何时照我还"明月照在诗人的身上,而诗人心里想回家乡。

【看图写诗】

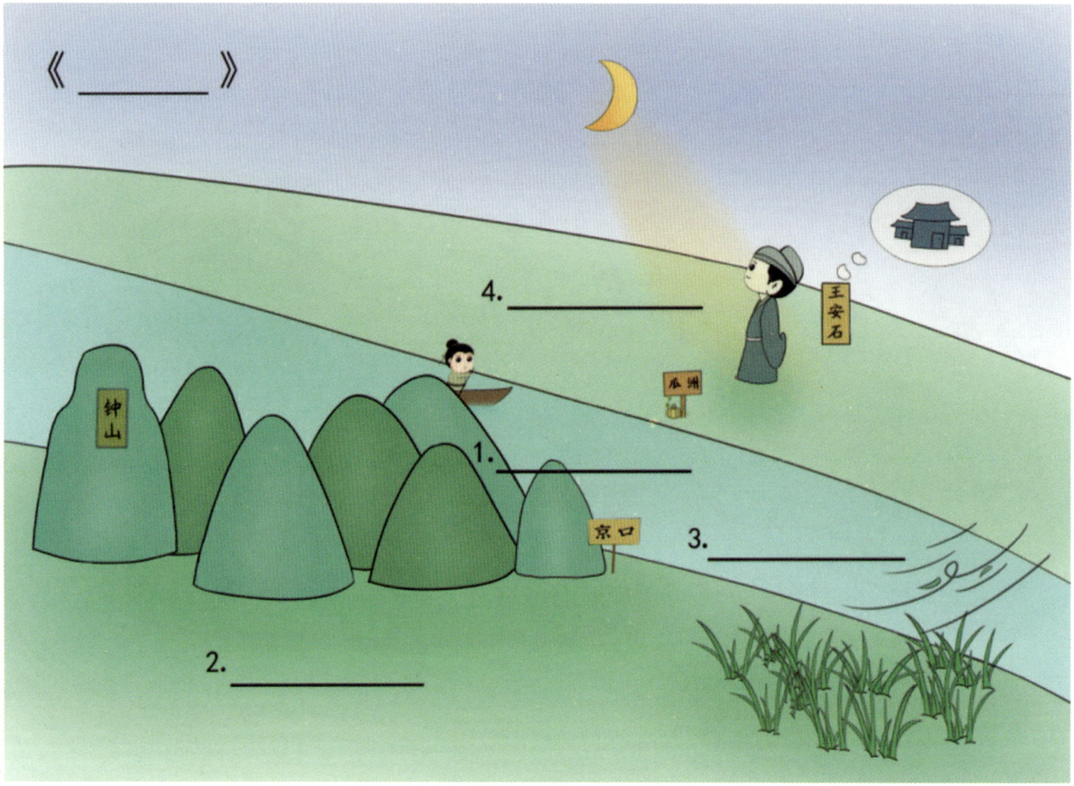

《_____》

1. _____
2. _____
3. _____
4. _____

【思维拓展】

请同学们发挥自己的想象，创造属于你的《泊船瓜洲》情境图。

扫描二维码，听音频讲解。

游园不值

[宋]叶绍翁

应怜①屐齿②印苍苔,

小扣③柴扉④久不开。

春色满园关不住,

一枝红杏出墙来。

(六年级下册第117页)

【注释】①应怜:大概是感到心疼吧。应,表示猜测。怜,怜惜。

②屐齿:屐是木鞋,鞋底前后都有高跟,叫屐齿。

③小扣:轻轻地敲门。

④柴扉:用木柴、树枝编成的门。

【译文】也许是园主担心我的木屐踩坏他的青苔,我轻轻地敲柴门,久久没有人来开。可是这满园的春色毕竟是关不住的,你看,那有一枝粉红色的杏花从墙头伸了出来。

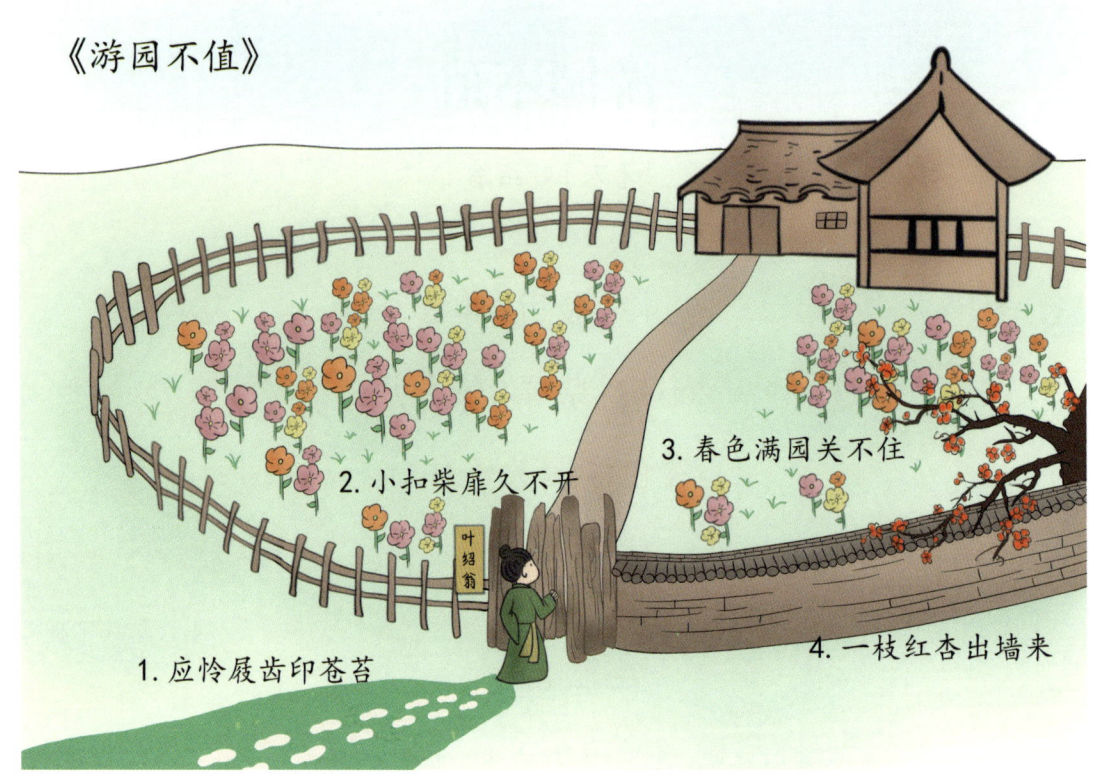

《游园不值》

1. 应怜屐齿印苍苔
2. 小扣柴扉久不开
3. 春色满园关不住
4. 一枝红杏出墙来

【图中故事】

　　"应怜屐齿印苍苔"也许是园主担心叶绍翁的木屐踩坏他怜惜的青苔;"小扣柴扉久不开"一直敲门却没有人来开;"春色满园关不住"朋友的园子里全是春天的颜色关也关不住;"一枝红杏出墙来"有一枝红杏从墙边伸了出来。

【看图写诗】

《＿＿＿＿》

1. ＿＿＿＿
2. ＿＿＿＿
3. ＿＿＿＿
4. ＿＿＿＿

【思维拓展】

请同学们发挥自己的想象,创造属于你的《游园不值》情境图。

扫描二维码,听音频讲解。

卜算子·送鲍浩然之浙东

[宋]王观

水是眼波横①，山是眉峰聚②。欲问行人③去那边？眉眼盈盈处④。

才始送春归，又送君归去。若到江南赶上春，千万和春住。

（六年级下册第118页）

【注释】①水是眼波横：水像美人流动的眼波。古人常以秋水喻美人之眼，这里反用。眼波：比喻目光似流动的水波。

②山是眉峰聚：山如美人蹙起的眉毛。《西京杂记》记载卓文君容貌姣好，眉色如望远山，时人效画远山眉。

③行人：指词人的朋友（鲍浩然）。

④眉眼盈盈处：比喻山水交汇的地方。盈盈：美好的样子。

【译文】水像美人流动的眼波，山像美人蹙起的眉毛。想问朋友去哪里？到山水交汇的地方。刚送走了春天，又要送你回去。假如你到江南并且能赶上春天的话，千万要把春天的景色留住。

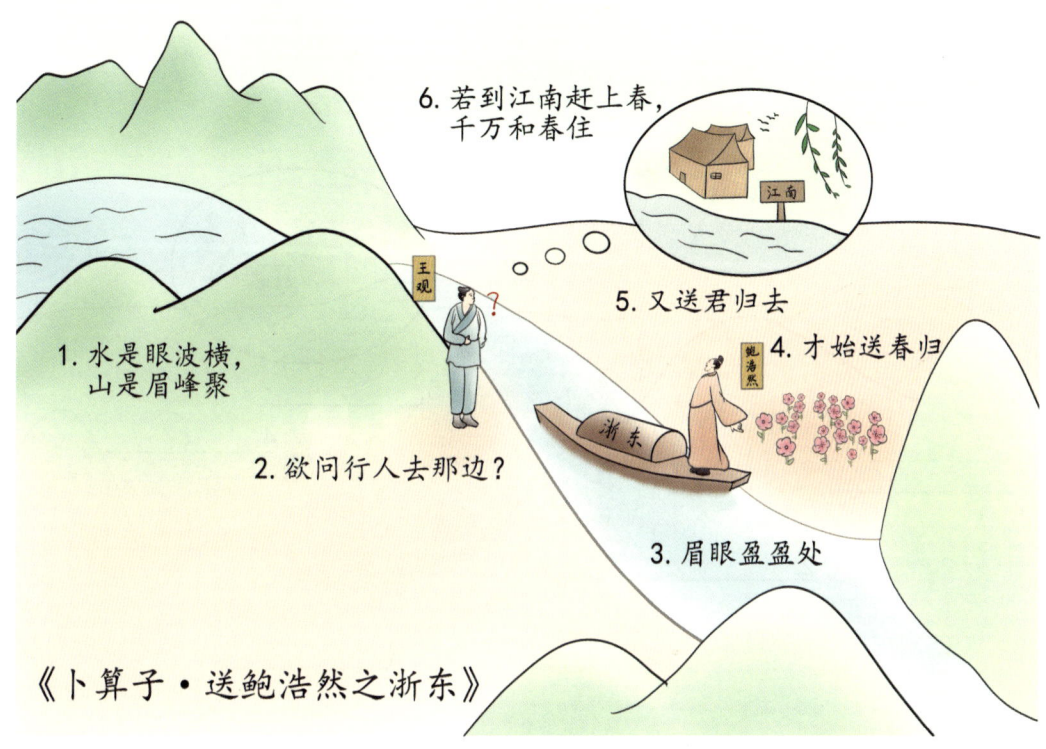

《卜算子·送鲍浩然之浙东》

【图中故事】

"水是眼波横,山是眉峰聚"图中的水像眼波一样流动,山像眉峰一样聚在一起;"欲问行人去那边"王观问朋友去哪里,头上的问号表示疑问;"眉眼盈盈处"鲍浩然说要去山水交汇的地方;"才始送春归"刚送走春天;"又送君归去"又送走朋友;"若到江南赶上春,千万和春住"如果你到了江南还是春天的话,就把春天留住吧,图中的房子表示"和春住"。

【看图写诗】

1. _____
2. _____
3. _____
4. _____
5. _____
6. _____

《_____》

【思维拓展】

请同学们发挥自己的想象,创造属于你的《卜算子·送鲍浩然之浙东》情境图。

扫描二维码,听音频讲解。

浣溪沙

[宋]苏轼

游蕲水清泉寺,寺临兰溪,溪水西流。

山下兰芽短浸①溪,松间沙路净无泥,萧萧②暮雨子规③啼。

谁道人生无再少?门前流水尚能西!休将白发唱黄鸡。

（六年级下册第119页）

【注释】①浸:泡在水中。
②萧萧:形容雨声。
③子规:杜鹃鸟。

【译文】游览蕲水的清泉寺。寺庙在兰溪的旁边,溪水向西流淌。山脚下刚生长出来的兰花幼芽浸泡在溪水中,松林间的沙路被雨水冲洗得一尘不染。傍晚的小雨伴随着杜鹃声。谁说人生就不能再回到少年时期?门前的溪水都能向西边流淌!不要在老年感叹时光的飞逝啊!

【图中故事】

　　"山下兰芽短浸溪"山脚下兰花幼芽浸泡在水中;"松间沙路净无泥"松树间的沙路干净没有泥土,星星符号表示干净;"萧萧暮雨子规啼"傍晚的雨伴随着杜鹃鸟的叫声;"谁道人生无再少"谁说人生不能回到少年的时候呢?图中用小孩表示年少;"门前流水尚能西"图中门前的流水自东向西流;"休将白发唱黄鸡"不要在年老的时候感叹时光飞逝,图中用白发老人表示"白发",用鸣叫的黄鸡表示"唱黄鸡"。

【看图写诗】

《_____》

1. _____
2. _____
3. _____
4. _____
5. _____
6. _____
7. _____

【思维拓展】

请同学们发挥自己的想象,创造属于你的《浣溪沙》情境图。

扫描二维码,听音频讲解。

清平乐

[宋] 黄庭坚

春归何处？寂寞①无行路。

若有人知春去处，唤取归来同住。

春无踪迹谁知②？除非问取③黄鹂。

百啭(zhuàn)④无人能解，因风⑤飞过蔷薇。

（六年级下册第120页）

【注释】①寂寞：清静，寂静。

②谁知：有谁知道。

③问取：呼唤，询问。取：语气助词。

④百啭：形容黄鹂婉转的鸣声。啭：鸟鸣。

⑤因风：顺着风势。

【译文】春天回到哪里了？四处一片沉寂，没有它的踪迹。如果有人知道春天去哪儿了，记得喊它回来与我们一同住下。谁也不知道春天的踪迹，要想知道，只有问一问黄鹂。可那黄鹂千百遍地婉转啼叫也没人知道它的意思，一阵风起，黄鹂鸟便随风飞过了盛开的蔷薇。

【图中故事】

"春归何处?寂寞无行路"春天回到哪里了?找不到它的脚印,四处一片沉寂,道路上的叉表示"无行路";"若有人知春去处,唤取归来同住"图中的人问如果有人知道的话就让春天回来一起住下,图中形似"春"字的房子表示跟春同住;"春无踪迹谁知?"有谁知道春天的踪迹,图中凌乱的脚印表示谁也不知道;"除非问取黄鹂。百啭无人能解"除非问问黄鹂知不知道,但黄鹂的鸣叫没有人能理解;"因风飞过蔷薇"黄鹂乘风飞过了盛开的蔷薇。

【看图写诗】

《＿＿》

【思维拓展】

请同学们发挥自己的想象,创造属于你的《清平乐》情境图。

扫描二维码,听音频讲解。

"3X"教育成果展——古诗词绘画作品征集

亲爱的老师和同学们：

大家好！《身临其境背古诗（小学版）》一书由多位记忆大师、语文教师、小学生共同参与编写而成，按照"发现、实现、呈现"的"3X"教育理论将古诗转化为图像，以实现科学的、高效的记忆。书中的记忆图像旨在为大家提供一个基本的示范，我们更希望以此激发读者们的想象力、理解力和创造力，能够通过学习书中的示例图像，掌握记忆方法并形成自己的记忆图。为此，湖北省教师教育学会脑科学及学习科学专业委员会（以下简称专委会）将为读者们提供一个展示自己才华和对古诗词理解的平台。

专委会以湖北第二师范学院教师教育学院刘大炜博士为主要发起人，从湖北省教师教育的实际出发，以教师教育科学研究为先导，整合湖北省优秀教师教育资源，探索基于脑科学和学习科学的职前职后教育一体化教师教育培养培训新模式，为广大教师尤其是中小学教师专业化发展服务。结合《身临其境背古诗（小学版）》一书，专委会将在2023—2026年每年举办一次古诗词绘画作品征集赛事，鼓励学生们画出属于自己的古诗词记忆图，发掘、锻炼记忆潜能，鼓励老师们带领学生们学习科学的记忆方法，提升教学技能。

我们热忱欢迎您的参与，并期待您精彩的参赛作品！赛事详情如下：

参赛资格：

大、中、小学生（不限年级和地区）

参赛要求:

一、参赛作品需以人教版课本中的古诗词为题材进行绘画创作。

二、绘画可以使用喜欢的绘画工具,风格不限。

三、参赛作品必须是原创,不得使用 AI 绘图或抄袭他人作品。

四、需得到指导老师或监护人的同意。

评选与奖项:

一、所有参赛作品将由湖北省教师教育学会脑科学及学习科学专业委员会评委团进行评选。

二、评选标准包括创意、场景布局、表现力和对古诗词的理解程度等,既方便记忆也利于理解。可参考本书中的图片,图片至少包含诗名、诗句、情境图三样信息。具体要求如下:

(一)场景布局。作品应具备清晰的结构,尽量还原作者当时所在环境,布局合理顺畅。

(二)创意创新。鼓励参赛者展现独特的思维和创造力。作品应展现新颖的观点、独特的表现方式,以激发读者的兴趣和思考。

(三)信息完整。作品应能够全面、准确地表达诗词的主题,需包含足够的关键信息,以便读者理解和获取重要的知识、思想。

(四)呈现美观。作品的呈现方式应具备良好的可视化效果,包括合适的颜色、图标、字体和布局,能够更好地吸引读者注意力。

(五)简洁易读。作品应尽可能简洁明了,使用简洁而有力图形表示,避免多余信息干扰,激发读者调动自身想象力。

三、评选出一等奖(前 10%)、二等奖(前 10%-25%)、三等奖(前 25%-45%),并颁发获奖证书和奖品。

四、优秀作品在得到作者同意后参与展出或出版。

五、奖品。

一等奖：免费参加 7 天世界记忆大师特训营（食宿自理）。

二等奖：免费参加暑期 4 天学习力特训营（食宿自理）。

三等奖：价值 200 元作者亲笔签名学习力教材。

六、提交方式。

请将您的参赛作品拍照或扫描为电子版（JPEG 或 PNG 格式），扫描下图二维码填写报名信息，并上传作品。报名信息包括：学生姓名＋学校＋古诗名称＋指导老师（教练或父母）姓名＋联系方式。

七、时间安排。

参赛作品提交时间为每年 1 月 1 日至 12 月 31 日，次年 1 月由专家初审筛选前 45%，次年 2 月专家进行终审评选出一、二、三等奖，评选结果将于次年 3 月公布。

如果您有任何疑问或需要进一步了解信息，请扫描下方二维码联系我们。期待您的参与！

扫描二维码咨询

扫描二维码报名

湖北省教师教育学会脑科学及学习科学专业委员会

2023 年 9 月 30 日